JN164314

本当にわかりやすい
すごく大切なことが書いてある
ちょっと進んだ
心に関わる
統計的研究法の本

Ⅰ

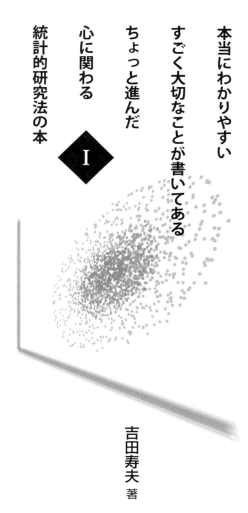

吉田寿夫　著

北大路書房

もくじ

1 章　単回帰分析 …………………………………………………………… 1
基礎的事項についての復習 …………………………………………………… 1
回帰分析とは ……………………………………………………………………… 5
回帰係数 …………………………………………………………………………… 6
回帰直線の式の求め方：最小 2 乗法 ………………………………………… 7
最小 2 乗法による解 ……………………………………………………………… 9
相関係数（の 2 乗）の値の予測における意味 …………………………… 12
種々の基本的事項 ……………………………………………………………… 14
回帰係数と相関係数 …………………………………………………………… 26
単回帰分析の結果について解釈する際の留意点 ………………………… 29
予測の誤差の意味 ……………………………………………………………… 32
予測の誤差と観測値の関係 …………………………………………………… 39
回帰効果 ………………………………………………………………………… 40
　▶▶▶▶　回帰効果とは：回帰という言葉の由来　41
　▶▶▶▶　回帰効果が生じる原因　45
　▶▶▶▶　回帰効果について認識していないことの弊害　47
　1 章　練習問題 ………………………………………………………………… 51

2 章　測定の妥当性 ……………………………………………………… 57
測定の妥当性とは ……………………………………………………………… 57
尺度とは ………………………………………………………………………… 58
心理学的研究における測定の妥当性の重要性 …………………………… 60
構成概念の性質 ………………………………………………………………… 62
構成概念について定義する際の留意点 …………………………………… 68
測定の信頼性および信頼性と妥当性の関係 ……………………………… 70
信頼性についての統計学的定義：信頼性係数 …………………………… 71
測定値が測定しようとしている変数を「的確に反映している」ということの
　意味 …………………………………………………………………………… 75
妥当性が低いことがもたらす問題事象 …………………………………… 79
　▶▶▶▶　e_x と e_y の影響：相関の希薄化　81
　▶▶▶▶　b_x と b_y の影響　87
自己報告型の質問紙尺度を用いた測定において系統誤差を生じさせる要因 … 91
質問内容についての内省可能性：回答者の内省能力に対する楽観視？ ……… 98

ii　もくじ

　　残差得点の有効利用……………………………………………………………107
　　測定の妥当性について検討する際の留意点・望まれる姿勢………………109
　　信頼性は単一の概念で，妥当性には複数のものがある？…………………113
　　α係数について………………………………………………………………118
　　　▶▶▶▶　α係数とは　118
　　　▶▶▶▶　α係数に対する誤解　123
　　内容的妥当性に関わる現状の問題点・留意点…………………………………125
　　　▶▶▶▶　妥当性検討と妥当化および項目の選択過程の重要性　125
　　　▶▶▶▶　帯域幅と忠実度のジレンマ　126
　　　▶▶▶▶　因子分析の結果に過度に依拠した機械的な項目選択　127
　　　2章　練習問題……………………………………………………………………131

練習問題の解答と解説……………………………………………………………133
引用文献……………………………………………………………………………143
索　　引……………………………………………………………………………147

■ちょっと余分な話1　$r_{x\cdot y-\hat{y}} = 0$ であることの証明……………………………24
■ちょっと余分な話2　基準変数が質的変数である場合の「分散説明率が100％の状態」
　　　　　　　　　と「分散説明率が0％の状態」……………………………………25
■ちょっと余分な話3　予測の誤差が大きい対象について精査することの有用性………39
■ちょっと余分な話4　北回帰線，南回帰線………………………………………………50
■ちょっと余分な話5　日常語を安易にそのまま借用することの是非…………………61
■ちょっと余分な話6　因子分析や共分散構造分析における潜在変数を構成概念と
　　　　　　　　　同一視することの是非…………………………………………………66
■ちょっと余分な話7　そもそも測定が可能であるためには……………………………67
■ちょっと余分な話8　自己高揚的回答をすることに対する懸念が関与していると
　　　　　　　　　考えられる現象……………………………………………………96
■ちょっと余分な話9　単極性尺度に中立点はあるか？…………………………………97
■ちょっと余分な話10　自身の好みについての内省（「私は面食いじゃない」って
　　　　　　　　　言うけれど…）………………………………………………………100
■ちょっと余分な話11　場面想定法………………………………………………………104
■ちょっと余分な話12　心理学的研究の知見を踏まえることの必要性…………………106

1章 単回帰分析

基礎的事項についての復習

まず最初に,本章(や以降の章および『ちょっと本Ⅱ』,『ちょっと本Ⅲ』)で説明することを円滑に理解していただくために必要となる基礎的事項について復習しておきましょう(以下,箇条書きのような形式で列記します)。

- $\Sigma(y_i-\bar{y})^2$ という式によって表わされる,「個々の測定値の平均値からの偏差の2乗の総和」を**変動**と言います。式の内容そのままに**偏差平方和**と言ったり,単に**平方和**と言ったりもします(『補足本Ⅰ』にも記したように,偏差平方和や平方和という言い方の方が一般的だと思います)。記号表記をする場合には,sum of squares の略記として SS と記すことにします。
- 変動をデータ数で割った値である,「個々の測定値の平均値からの偏差の2乗の平均値」を**分散**と言います。分散は,s^2 と表記しますが,変動を「データ数」ではなく「データ数 − 1」で割った不偏分散については,$\hat{\sigma}^2$ と表記します(s^2 と $\hat{\sigma}^2$ の区別については,『補足本Ⅱ』の 48〜49 ページを参照してください)。
- 分散の正の平方根を**標準偏差**と言います。$\Sigma|y_i-\bar{y}|\div n$ という式によって算出されるものではないため,「個々の測定値の平均値からの偏差について

の平均値」と記すと不正確であることになりますが，「個々の測定値が平均値から離れている程度の標準的な値」と言える散布度の指標です。通常は s と表記しますが，不偏分散の平方根である場合には $\hat{\sigma}$ と表記します。

- $\Sigma(y_i-c)^2$ を最小にする定数 c は平均値です。このことの意味については，『補足本Ｉ』の 12～15 ページで説明しましたが，後でもう一度説明します[1]。

- $\Sigma(x_i-\bar{x})(y_i-\bar{y})$ という式によって表わされる，「２つの変数の各々における各測定値の平均値からの偏差の積の総和」を**共変動**と言い，本書では，SS_{xy} と表記することにします。
- 共変動をデータ数で割った値である，「偏差の積の平均値」を**共分散**と言い，s_{xy} と表記します。
- 「x と y の共分散を x の標準偏差と y の標準偏差の積で割った値」を**相関係数**と言い，r と表記します。すなわち，

$$r = \frac{s_{xy}}{s_x s_y} \qquad [1-1]$$

です。

- 相関係数の値の範囲は $-1 \leqq r \leqq +1$ であり，符号は，相関図においてプロットされた点が右上がりの１本の直線に沿って分布している関係か，右下がりの１本の直線に沿って分布している関係かという，関係の方向を表わしています（前者を正の相関，後者を負の相関と言います）。また，絶対値は，関係の明確さないし強さを表わしており，符号の正負にかかわらず，直線的な関係が明確であるほど大きくなります。そして，すべての点が完全に１本の直線上にプロットされたとき，すなわち，２つの変数の間に $y=a+bx$ という１次関数関係が完全に成立しているとき，相関係数の絶対値は１になります。
- 共変動も共分散も，相関係数と同様に，２つの変数の間に正の相関関係があるときに正の値になり，負の相関関係があるときに負の値になりますが，身長が m 単位で表わされているか cm 単位で表わされているかといった各変

---

[1] 以上の詳細については，『補足本Ｉ』の１章を読み返してください。

数の単位や，得られたデータの散らばりの大きさによって値の範囲が左右されてしまいます。また，「偏差の積の総和」である共変動は，散らばりの程度が同じでも，データ数が多いほど絶対値が大きくなります。これに対して，相関係数は，データ数や各変数の単位，散らばりの大きさにかかわらず，上記のように $-1 \leqq r \leqq +1$ になります[2]。

・個々の測定値の平均値からの偏差である $y_i - \bar{y}$ を要素とするベクトルによって各変数を表わしたとき，ベクトルの長さが各変数の標準偏差の大きさに対応します。また，2つの変数のベクトルの成す角の余弦（$\cos\theta$）がそれらの変数の間の相関係数に対応します。ですから，$r=1$ であるということは，2つの変数のベクトルの成す角の大きさが0°である（すなわち，それらのベクトルが完全に同一の方向を向いている）ということになり，逆に，$r=-1$ であるということは，2つの変数のベクトルの成す角の大きさが180°である（すなわち，2つの変数のベクトルが正反対の方向を向いている）ということになります。そして，2つの変数の間に（直線的な）関係がまったくなく，$r=0$ である場合には，それらの変数のベクトルの成す角の大きさが90°になります（すなわち，2つのベクトルが直交します）。

・変数 x と変数 y の相関係数が0である場合，それらの和の値の分散は各変数の分散の（単純な）和になります。すなわち，

$$r_{xy} = 0 \quad \Rightarrow \quad s_{x+y}^2 = s_x^2 + s_y^2 \qquad [1-2]$$

です（このことは非常に重要な事柄です）。そして，変動に関しても，「和の値の変動＝各変数の変動の和」になります[3]。

・変数 y に $y_i' = a + by_i$ という**線形変換**を行なう（すなわち，すべての y の値を一律に b 倍して a を足す）と，平均値は変換式通りに変化します。すなわち，$\bar{y}' = a + b\bar{y}$ です。

---

[2] 以上の詳細については，『補足本Ⅰ』の2章を読み返してください。
[3] 以上の詳細については，『補足本Ⅰ』の3章を読み返してください。

- 上記のような線形変換を行なうと，標準偏差は $|b|$ 倍になります。すなわち，$s_{y'} = |b| s_y$ であり，標準偏差の値の変化は，加算定数（a）には左右されません。また，標準偏差の2乗である分散は b^2 倍になります。
- 2つの変数の相関係数の絶対値は，それぞれの変数にどのような線形変換を行なっても変わりません。ただし，一方の変数に1次の係数（b）が負である線形変換を行なった場合（つまり，どちらかの変数の値の方向を逆転させた場合）には，符号が逆転します。
- 個々の測定値（素点）と平均値の差を標準偏差で割った値を**標準得点**と言い，z と表記します。すなわち，$z_i = \frac{y_i - \bar{y}}{s}$ であり，素点の標準得点への変換は，加算定数（a）が $-\frac{\bar{y}}{s}$ で，1次の係数（b）が $\frac{1}{s}$ である線形変換です。
- 標準得点は，個々の測定値が，平均値に比べて，標準偏差の何倍大きい（または，小さい）かを示しており，個々の測定値のデータ全体の中での相対的位置を表わしていると言えるものです。具体的には，ある測定値が平均値よりも大きい場合には正の値になり，平均値よりも小さい場合には負の値になります。そして，正負いずれの場合も，平均値から大きく離れていて分布の端の方に位置しているほど絶対値が大きくなります。
- 標準得点の平均値は0，標準得点の標準偏差は1です。すなわち，素点を標準得点に変換するという標準化と呼ばれる手続きは，平均値と標準偏差をこのような値にするための線形変換であることになります。
- $r = \frac{1}{n} \Sigma z_{x_i} z_{y_i}$ と表わすことができます。すなわち，相関係数は，各変数における標準得点の積を対象ごとに算出し，それを平均したものであることになります。また，$\bar{z}_x = \bar{z}_y = 0$ なので，$r = \frac{1}{n} \Sigma (z_{x_i} - \bar{z}_x)(z_{y_i} - \bar{z}_y)$ と表わすこともでき，「相関係数は標準得点の共分散である」とも言えます[4]。

では，本題に入ります。

---

4) 以上の詳細については，『補足本I』の4章を読み返してください。

回帰分析とは

　回帰分析（regression analysis）は，ある変数の値から別の変数の値を予測（ないし，推測）するという状況において適用されるものです。回帰分析では，どのような式を用いると予測の精度が最も高くなるか（言い換えれば，予測の誤差が最も小さくなるか）や，その際の予測の精度はどの程度であるのか，といったことなどが分析されます。

　一般に，予測する側の変数を**説明変数**（explanatory variable），予測される側の変数を**基準変数**（criterion variable）ないし**目的変数**（object variable）などと言います。そして，説明変数が1つのみである場合を**単回帰分析**（simple regression analysis），2つ以上ある場合を**重回帰分析**（multiple regression analysis）と言います（基準変数の数は，通常，1です）[5]。

　多くの場合，説明変数（x）と基準変数（y）の間の関係として直線的な関係が想定されており，一般に，$y=a+bx$ という，1次関数を表わす式が予測式として用いられます[6]。しかし，線形関係以外の関係を想定する場合もあるため，線形関係を想定する通常の回帰分析は，**線形回帰分析**（linear regression analysis）と呼んだ方が的確であることになります。ですから，本章のタイトルは，厳密には，**線形単回帰分析**（linear simple regression analysis）ということになります。それから，上記の1次関数式によって表わされる直線を（y の x への）**回帰直線**（regression line）と言います。

　なお，予測という文脈であるにもかかわらず，なぜ回帰という言葉が用いられているのかや，そもそも統計における回帰とはどのような意味であるのか，

---

5) 独立変数と従属変数という言葉は本来は実験的研究の場合に用いられるものですが，広義にとらえて，説明変数を独立変数，基準変数を従属変数と呼ぶこともあります。また，基準変数が複数ある場合の分析法も考案されていますが，理解が容易ではないことや，筆者の管見の限りでは適用例が非常に少ないこと，および，有用性が高くはないと考えられることなどから，本シリーズでは取り上げません（重回帰分析については，『ちょっと本Ⅲ』の2章で取り上げます）。

6) なぜなのかは知りませんが，『補足本Ⅰ』の2章にも記したように，中学校や高校における数学の場合とは異なり，統計学においては，（y 軸との）切片を a，直線の傾きである1次の係数を b と表記するのが慣習になっています。

x から y を予測する文脈であるにもかかわらず、なぜ「$\overset{..}{y}$ の（x への）回帰」と言うのか、といったことについては、本章の「回帰効果」という項で説明します。

回帰係数

上記の $y=a+bx$ という1次関数式における1次の係数（b）は、回帰分析においては、**回帰係数**（regression coefficient）と呼ばれています。回帰係数は、中学校の数学で学習したように直線の傾きを表わしており、x の値が1異なっていることが、y においては値がいくら異なっていることに対応しているかを示しています（図1-1参照）。

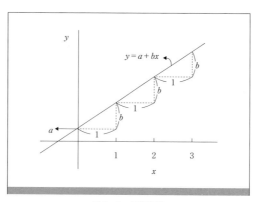

図1-1　回帰係数

たとえば、x が cm 単位の身長で、y が kg 単位の体重だとします。このような場合に両者の間に $y=-90+0.9x$ という関係があるとすれば、身長における1cm の差異が体重における0.9kg の差異に対応している（ある時点における複数の人物の身長の値と体重の値が得られている場合で言えば、符号が正なので、A さんが B さんよりも身長が1cm 大きければ、A さんは B さんよりも体重が0.9kg 重たいと推測される）ことを意味しています。そして、回帰係数の絶対値が大きいほど、直線の傾きが大きく、x の値が1異なることに応じ

てyの値が大きく異なっていることになります。ですから，回帰係数の絶対値は，xの値によるyの値の差異の大きさを表わしていると言えます[7]。

　さて，『補足本Ⅱ』の200〜202ページに記したように，ある変数の値によって別の変数の値がどの程度大きく異なっているか，言い換えれば，それらの変数の間にどの程度強い関係が存在しているかを表わす統計的指標を総称して，**効果量**と呼んでいます。ということは，上記のような意味を有する回帰係数は，効果量の一種であることになります。そして，xとyの間に$x \to y$という方向の因果関係のみが存在しているとみなすことができる場合で言えば，回帰係数の値は，xにおいて値が1増加することがyの値をどの程度増減させるかを示していることになり，このような場合，独立変数xの従属変数yに対する規定力の大きさの指標であると言えます（当然のことながら，「xの値が1変化することに伴ってyの値が大きく変化するということは，xがyを大きく左右していると言える」ということです）。ただし，多くの場合，上記のようにみなすことが妥当であるとは限らないので，「回帰係数（の絶対値）は，xがyに及ぼす影響の強さの指標である」などと短絡的に考えることはできません。

回帰直線の式の求め方：最小2乗法

　相関図においてすべての点が完全に1本の直線上に並び，相関係数が1または−1になったときには，回帰直線の式を求めることは簡単です（プロットされた点の中から任意の2点を取り出し，それらの2点を通る直線の式を中学校のときに学んだようにして求めるだけです）。しかし，実際には，$|r|=1$になることはまったくと言ってよいほどありません。そこで，回帰分析では，回帰直線の式，すなわち，回帰係数（b）と切片（a）の値を，次のような論理に基づいて求めます。

---

[7] たとえば，xが身長でyが体重であるときの回帰係数が「男性＞女性」であるとすれば，男性の方が女性よりも，身長の値によって体重の値が異なる程度が顕著である（A男さんとB男さんの身長の差とC子さんとD子さんの身長の差が等しいとき，A男さんとB男さんの体重の差の方がC子さんとD子さんの体重の差よりも大きいと推測される）ことになります。

まず，当然のことながら，なるべく高い精度で予測をするための式を求めようとします。そして，予測の精度が高いということは，逆から言えば，予測が外れている程度である，**予測の誤差**が小さいということです。そこで，x の値と y の値の関係に関する一般的傾向から考えて，x の値が○○であるならば，y の値は××になっているであろうという，各対象の x の値に基づく y の予測値と，各対象の y の実際の値（観測値）が異なっている程度を予測の誤差とします[8]。ただし，予測値と観測値の差の絶対値が同じであれば，「予測値＞観測値」の場合も「予測値＜観測値」の場合も誤差の程度は同じだとみなせるので，「観測値と予測値の差の 2 乗」を問題にすることにします[9]。そして，各対象におけるこの予測の誤差の 2 乗の値のすべての対象についての総和が最も小さくなる b と a の値を求めようとします。

ここで，y の観測値と x の値に基づく予測値を区別するために，観測値はそのまま y とし，予測値を $\hat{y}$ と表記します（この場合の ^ は予測値であることを表わす記号であり，$\hat{y}$ は y ハットと読みます）。$\hat{y}$ は，次の［1-3］式のように，x を b 倍して a を足すという x の 1 次関数式によって決定される値です。

$$\hat{y}_i = a + bx_i \qquad [1-3]$$

そして，最小化を目指す値である「各対象における予測の誤差 $(y_i - \hat{y}_i)$ の 2 乗の総和」を Q とすると，Q は次の［1-4］式のようになります（予測の誤差は**残差**：residual とも呼ばれ，$y - \hat{y}$ ではなく，error という英語に基づいて，e とも表記されます）[10]。

$$\begin{aligned} Q &= \sum_{i=1}^{n} (y_i - \hat{y}_i)^2 \\ &= \sum \{y_i - (a + bx_i)\}^2 \end{aligned}$$

---

[8] ここでいう予測値というのは，身長の値から体重の値を予測する場合で言うならば，「身長が○○ cm の人の体重は（普通）××（くらい）だろう」といったものです。

[9] 「観測値と予測値の差の絶対値」ではなく，「観測値と予測値の差の 2 乗」を問題にする理由は，『補足本 I』の 12〜15 ページで説明した，「$\Sigma(y_i - c)^2$ を最小にする定数は平均値であるけれども，$\Sigma |y_i - c|$ を最小にする定数は中央値である」ことなどにより，「観測値と予測値の差の絶対値」は理論的に有用ではないからだと思ってください。

[10] ［1-4］式における展開は，定数は Σ の内と外に自由に出し入れできること，および，定数の Σ はその定数をデータ数個足したものなので $n\times$ 定数 になること，に基づいて行なわれます。

$$= \Sigma y_i^2 + na^2 + b^2 \Sigma x_i^2 - 2a\Sigma y_i - 2b\Sigma x_i y_i + 2ab\Sigma x_i \qquad [1-4]$$

［1-4］式は，単回帰分析において求めようとしている値である a と b の 2 次関数であり，この場合，2 次の係数（a^2 と b^2 の項の係数である n と Σx_i^2）は正の値です（Σx，Σx^2，Σy，Σy^2，Σxy，n は，データから直接算出される値です）。ですから，Q の値を最小にする a と b の値は，『補足本Ⅰ』において $\Sigma(y_i - c)^2$ を最小にする定数 c を求めた場合と同様に，この関数を a と b の各々について微分した式の値を 0 とした（連立）方程式を解くことによって求めることができます[11]。

以上が回帰直線の式の求め方についての論理であり，（誤差の）2 乗（の総和）を最小にする係数を求めるという考え方に基づくものであることから，**最小 2 乗法**（method of least squares）と呼ばれています。

最小 2 乗法による解

最小 2 乗法による解（すなわち，回帰係数である b と切片である a の算出式）は，次の［1-5］式，［1-6］式のようになります[12]。

$$b = \frac{s_{xy}}{s_x^2} \qquad [1-5]$$

$$a = \bar{y} - b\bar{x} \qquad [1-6]$$

［1-5］式が示しているように，x の値から y の値を予測する際の回帰係数は，x と y の共分散を x の分散で割った値になります。

---

11) ただし，この場合，a と b の 2 つの変数があるので，一方の変数に関して微分するときには他方の変数を定数とみなして変数ごとに微分するという，偏微分と呼ばれるものを行なうことになります。
12) これらの解を求める過程の詳細は多くの統計書に掲載されているので，本書では省略します（筆者としては，本書においては，回帰直線の式の求め方に関する上記のような基本的な考え方を理解してもらえれば十分だと思っています）。なお，ここで説明していることについては，『テクニカルブック』の 220～223 ページも参照してください。

表 1-1 単回帰分析に関する種々の基本的事項の例示

i	1	2	3	4	M	r'	r^2	b	a	回帰直線の式
x	1	2	3	4	2.5	.8	.64	$\dfrac{s_{xy}}{s_x^2}=\dfrac{1}{1.25}=0.8$	$\bar{y}-b\bar{x}=$ $2.5-0.8\times2.5=0.5$	$\hat{y}=0.5+0.8x$
y	1	3	2	4	2.5					
$x-\bar{x}$	-1.5	-0.5	0.5	1.5				$SS_x=\Sigma(x-\bar{x})^2=5$	$s_x^2=SS_x\div n=1.25$	$s_x=\sqrt{s_x^2}=1.12$
$y-\bar{y}$	-1.5	0.5	-0.5	1.5				$SS_y=\Sigma(y-\bar{y})^2=5$	$s_y^2=SS_y\div n=1.25$	$s_y=\sqrt{s_y^2}=1.12$
$(x-\bar{x})(y-\bar{y})$	2.25	-0.25	-0.25	2.25				$SS_{xy}=\Sigma(x-\bar{x})(y-\bar{y})=4$	$s_{xy}=SS_{xy}\div n=1$	
$\hat{y}$	1.3	2.1	2.9	3.7				$\bar{\hat{y}}=\Sigma\hat{y}\div n=2.5$		
$y-\hat{y}$	-0.3	0.9	-0.9	0.3				$\overline{y-\hat{y}}=\Sigma(y-\hat{y})\div n=0$		
$\hat{y}-\bar{y}$	-1.2	-0.4	0.4	1.2				$SS_{\hat{y}-\bar{y}}=\Sigma(\hat{y}-\bar{y})^2=3.2$	$s_{\hat{y}-\bar{y}}^2=SS_{\hat{y}-\bar{y}}\div n=0.8$	$s_{\hat{y}-\bar{y}}=\sqrt{s_{\hat{y}-\bar{y}}^2}=0.89$
$(x-\bar{x})(y-\hat{y})$	0.45	-0.45	-0.45	0.45				$\Sigma(x-\bar{x})(y-\hat{y})=0$		

† [1-1] 式より，$r=\dfrac{1}{\sqrt{1.12\times1.12}}=.8$ になります。

†† 本来，$y-\hat{y}$ の変動は，各対象の $y-\hat{y}$ の値とされらの平均値の差の2乗和であり，$\Sigma((y-\hat{y})-\overline{(y-\hat{y})})^2$ という式によって定義されるものですが，$\overline{y-\hat{y}}=0$ なので，この場合，$\Sigma(y-\hat{y})^2$ と表わすことができます。

では，[1-5] 式と [1-6] 式を使って，表1-1に記した $n=4$ のデータに関して，回帰直線の式を実際に求めてみましょう。

各対象における $x-\bar{x}$, $y-\bar{y}$, $(x-\bar{x})(y-\bar{y})$ の値は表1-1の通りであり，共分散（s_{xy}）は，$\{2.25+(-0.25)+(-0.25)+2.25\}\div 4$ で1，xの分散（s_x^2）は，$\{(-1.5)^2+(-0.5)^2+0.5^2+1.5^2\}\div 4$ で 1.25 です。ですから，回帰係数（b）は，$1\div 1.25$ で，0.8 になります。また，切片（a）は，$2.5-0.8\times 2.5$ で，0.5 になります。したがって，このデータに関して1次関数式を用いてxの値からyの値を予測しようとする際に誤差が最も小さくなるのは（言い換えれば，このデータにもっともフィットするのは），$\hat{y}=0.5+0.8x$ という式を適用した場合である，ということになります。そして，回帰係数が 0.8 だということは，xにおける1の差異ないし変化とyにおける 0.8 の差異ないし変化が対応している，ということです。

図1-2は，表1-1のデータの相関図に，今求めた回帰直線を描き入れたものです。確かに，回帰直線がプロットされた各点の近く（かつ，中央）を通っており，このデータに非常にフィットしていることがわかります。

なお，xからyを予測するのではなく，yからxを予測する場合には，回帰係数は「xとyの共分散$\div \hat{y}$の分散」になるので，当然のことながら，通常は，「xからyを予測する際の回帰係数の値」と「yからxを予測する際の回帰係数の値」は等しくはなりません（ただし，表1-1のデータに関しては，x

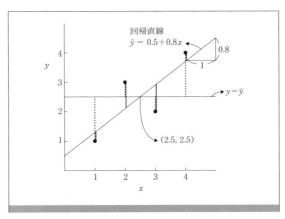

図1-2　表1-1のデータの相関図と回帰直線

の分散と y の分散が等しいので, 両者は, たまたま一致します)。

相関係数（の 2 乗）の値の予測における意味

　『ごく初歩本』の77～80ページや『補足本Ⅱ』の212ページに, 「相関係数の2乗は, 変数 x の値から変数 y の値を予測する際に, x についての情報がないために, どの対象に関する予測をするときにも常に（このような状況下で誤差が最も小さくなる無難な方法である）y の平均値を予測値とする場合に比べて, 両変数の関係として適合度が最も高い直線の式を用いて予測をした場合に, 予測値と観測値の差の 2 乗和によって定義される予測の誤差が何%小さくなるか（言い換えれば, 予測の精度がどの程度向上するか）を表わしている」ということを記しました。ここでは, このことについて, 表 1 - 1 のデータを使って, 具体的に説明します。

　予測される変数である y についてのデータが手元にあるとします。ですから, y の平均値や変動, 分散, 標準偏差などを算出することはできます。しかし, どの値がどの対象のものかはわからないとします。そして, まず, y 以外の変数についてはまったくデータがないとします。このようなときに, 各対象の y の値を言い当てる（≒予測する）ことになったとしたら, どうしたらよいでしょうか。y 以外にはまったく情報がないのですから, 対象によって予測値を変えようとしても, できません。ですから, このような状況では, どの対象に関しても同じ値を予測値にする（すなわち, 予測値をなんらかの定数にする）ことになります。そして, 最初に復習したように, $\Sigma(y_i-c)^2$ を最小にする定数 c は平均値なのですから, どの対象に関しても y の平均値を予測値とすることが, この場合の「予測の誤差の 2 乗和を最小にする方法」であることになります。

　では, 表 1 - 1 のデータでは, 以上のような状況下での「予測の誤差の 2 乗和」は, どうなるでしょうか。結論めいたことを先に記すならば, $\Sigma(y_i-c)^2$ という式の c に $\bar{y}$ が入るのですから, 予測の誤差の 2 乗和は, $\Sigma(y_i-\bar{y})^2$, すなわち, y の変動であることになります。ですから, 表 1 - 1 のデータでは,

「x についての情報がないために，どの対象に関する予測をするときにも常に（このような状況下で誤差が最も小さくなる無難な方法である）y の平均値を予測値とする」場合の「予測の誤差の 2 乗和」は，$(-1.5)^2+0.5^2+(-0.5)^2+1.5^2$ で，5 であることになります。

次に，各対象の x についての情報があるとともに，x の値と y の値の関係に関する一般的傾向がわかっているものとします。すなわち，両変数の関係として適合度が最も高い直線である回帰直線の式がわかっており，これに基づいて，各対象の x の値に応じた値である $\hat{y}$ を各対象の y の予測値とする，ということです。具体的には，表 1-1 のデータでは，先に求めたように，$\hat{y}=0.5+0.8x$ であり，1 番目の対象の x の値は 1 なので，予測値（$\hat{y}$）は，$0.5+0.8\times 1$ で，1.3 になります。ですから，1 番目の対象における予測の誤差（$y-\hat{y}$）は，観測値が 1 なので，$1-1.3$ で，-0.3 になります。同様にして各対象における予測値と予測の誤差を求め，その 2 乗和を算出すると，表 1-1 の下から 3 行目に示したように，$(-0.3)^2+0.9^2+(-0.9)^2+0.3^2$ で，1.8 になります。つまり，この場合，予測の誤差の 2 乗和が，x についての情報がないときには 5 であったものが，回帰直線に基づいて各対象の x の値に応じた予測をすると，$5-1.8$ で，3.2（したがって，$\frac{3.2}{5}$ で，64％）減少したことになります。そして，表 1-1 に記したように，このデータにおける r^2 は .64（すなわち，64％）であり，この「予測の誤差の 2 乗和の減少率」と一致します。

以上のことから，相関関係数の 2 乗は，一方の変数の値から他方の変数の値を予測する文脈においては，予測の誤差の全体的な値が，説明変数についての情報を利用したときに，それがないときに比べて何％減少するかを示しているという意味で，予測の精度の高まりを表わす指標であることになるわけです（『ごく初歩本』の 80 ページの図 3-7 も参照してください）。

なお，x についての情報がなく，常に $\bar{y}$ を予測値としたときの各対象における予測の誤差である $y_i-\bar{y}$ は，図 1-2 では $\vdots$ の線分の長さであることになります（したがって，この場合の「予測の誤差の 2 乗和」は，これらの線分の長さの 2 乗和であることになります）。これに対して，x についての情報があり，回帰直線に基づいて各対象の x の値に応じた予測をしたときの予測の誤差である $y_i-\hat{y}_i$ は，図 1-2 では $|$ の線分の長さであることになり，これらの線分の

長さの2乗和がこの場合の「予測の誤差の2乗和」であることになります。そして、図1-2が例示しているように、個々の対象においては、表1-1のデータの対象2と対象3のように、⋮の長さよりも│の長さの方が長くなる（すなわち、x についての情報を利用することによって予測の誤差がかえって大きくなってしまう）ことがあります。しかし、各線分の長さの2乗和である「予測の誤差の全体的な値」は、$r=0$ であるときを除いて、各対象の x の値に基づいて $\hat{y}$ を予測値とした場合の方が必ず小さくなります。それから、$|r|=1$ であるということは、すべての点が回帰直線上にあるということなので、すべての対象において y の観測値と予測値が一致していて、│の長さがすべて0になります。ですから、各対象の x の値に基づいて $\hat{y}$ を予測値とした場合の「予測の誤差の2乗和」が0になり、「予測の誤差の2乗和の減少率」は100％であることになります（後述するように、$r=0$ であるときには、⋮と│が常に一致するため、「予測の誤差の2乗和の減少率」は0％であることになります）。

種々の基本的事項

　ここでは、上記以外のことで、（単）回帰分析に関して知っておく必要性が高いと考えられる種々の事柄について説明します。

　（1）［1-5］式の右辺の分子と分母に y の標準偏差（s_y）を掛け、［1-1］式を使って整理すると、次の［1-7］式が導出されます。

$$b = r\frac{s_y}{s_x} \qquad [1-7]$$

この［1-7］式から、「x と y の標準偏差（ないし、分散）が等しい場合には、回帰係数と相関係数は一致する」ということがわかります（［1-8］式）。

$$s_x = s_y \ \Rightarrow \ b = r \qquad [1-8]$$

ですから、表1-1のデータに関して $b=r=0.8$ になっていたのは、（たまたま）$s_x = s_y$ だったからであり、通常は、回帰係数と相関係数は同じ値にはな

りません。ただし，s_x と s_y の値が定まっていれば，回帰係数と相関係数は比例関係にあり，相関係数が大きいほど回帰係数も大きくなります。また，相関係数の値が一定である場合，（回帰直線の傾きの程度である）回帰係数の絶対値は，通常，相関図において縦軸の変数となる y の標準偏差が大きいほど大きくなり，横軸の変数となる x の標準偏差が大きいほど小さくなります。このことは，y の散らばりが大きいということは縦に広がった相関図になっているということであるとともに，x の散らばりが大きいということは横に広がった相関図になっているということであることを想像すれば，直観的にも理解できるのではないかと思います。

それから，［1-7］式からは，「$r=0$ であれば $b=0$ になる」こともわかります。そして，$b=0$ を［1-6］式に代入すると，$a=\bar{y}$ になり，これらを［1-3］式に代入すると，$\hat{y}=\bar{y}$ になります。ですから，$r=0$ であれば，予測値（$\hat{y}$）は常に y の平均値であることになり（つまり，図1-2における ┊ と │ が常に一致し），「x についての情報がないときの予測の誤差の2乗和」と「各対象の x の値に基づいて予測をした場合の予測の誤差の2乗和」が同じものであることになります。このようなことからも，「$r=0$ の場合には，（x についての情報を利用することによる）予測の誤差の2乗和の減少率は0％になる」と言えます。

（2）x と y がともに標準化されていれば（すなわち，『補足本Ⅰ』の106ページの図4-3の下の表中の値のように標準得点に変換されていれば），x も y も，平均値が0で，標準偏差が1になるので，$a=0$，$b=r$ になります。ですから，x の標準得点（z_x）から y の標準得点（z_y）を予測する場合の回帰直線の式は，［1-9］式のようになります。

$$\hat{z}_{y_i} = r z_{x_i} \qquad [1-9]$$

すなわち，「y の標準得点の予測値は，x の標準得点の r 倍である」ということです。そして，r の絶対値は1以下なので，$|r|=1$ でない限り，y の標準得点の予測値の絶対値は，x の標準得点の絶対値よりも，必ず小さくなります。

(3) ［1-3］式の右辺の a に［1-6］式の右辺を代入して整理すると，次の［1-10］式が導出されます。

$$\hat{y}_i = \bar{y} + b(x_i - \bar{x}) \qquad [1\text{-}10]$$

そして，［1-10］式の左辺および右辺の総和をデータ数（n）で割った式を整理していくと，

$$\bar{\hat{y}} = \bar{y} \qquad [1\text{-}11]$$

となります（$\Sigma(x_i - \bar{x}) = \Sigma x_i - n\bar{x} = n\bar{x} - n\bar{x} = 0$ です）。すなわち，「予測値の平均値と観測値の平均値は等しい」ということであり，表1-1のデータにおいても，$\bar{\hat{y}} = \bar{y} = 2.5$ になっています。

(4) ［1-10］式の右辺の x_i に $\bar{x}$ を代入すると，$\hat{y}_i = \bar{y}$ となります。つまり，「x の値がその平均値に等しい対象の y の予測値は，y の平均値になる」ということであり，このことから，「回帰直線は，必ず $(\bar{x}, \bar{y})$ を通る」ことがわかります[13]。したがって，「回帰直線は，$(\bar{x}, \bar{y})$ を通る傾きが b の直線である」とも言えることになります。そして，このことを踏まえて図1-3のような図を作成すると，［1-6］式が納得でき，その記憶が促進されると思います。

(5) 『補足本Ⅰ』の87ページに記したように，2つの変数の差の値の平均値は，各々の変数の平均値の差と一致します。ですから，予測の誤差の平均値は，（y の）観測値の平均値と予測値の平均値の差になり，［1-11］式に示したように「予測値の平均値と観測値の平均値は等しい」ので，予測の誤差の平均値は0になります（［1-12］式：実際，表1-1のデータにおいても，下から3行目の右側に示したように，0になっています）。

---

13) 表1-1のデータに関する回帰直線の式は $\hat{y}_i = 0.5 + 0.8 x_i$ であり，この式の x_i に x の平均値である 2.5 を代入すると，確かに $\hat{y} = 2.5$（すなわち，$\bar{y}$）になります。そして，このことから当然のことながら，図1-2においても，回帰直線は $(\bar{x}, \bar{y})$ である $(2.5, 2.5)$ を通っています。

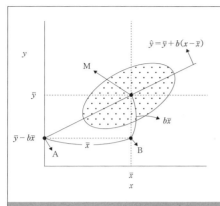

図 1-3　$a = \bar{y} - b\bar{x}$ であることの理解および記憶を促すための説明

$$\overline{y - \hat{y}} = 0 \qquad [1\text{-}12]$$

これは，回帰直線が，それよりも上側にある（すなわち，予測の誤差である $y - \hat{y}$ が正の値である）点と，それよりも下側にある（すなわち，$y - \hat{y}$ が負の値である）点が同程度ずつあるところを通るものであることを踏まえれば至極当然のことですが，筆者はこのことはけっこう重要だと思っています。なぜならば，誤差の平均値が0であるということは，誤差の値が0を中心に変動しているということであり，そのため，「誤差の散らばり（誤差の分散や標準偏差）が小さいことが誤差の値そのものが全般に小さい（誤差の値が全般に0から離れていない値になっている）ことを意味する」からです（たとえば，誤差の平均値が100であれば，誤差の散らばりが小さくても，誤差の値自体は100前後であることになり，誤差が全般に小さいことにはなりません）。

（6）予測値（$\hat{y}$）は x の1次関数式によって算出されるものなのですから，x と $\hat{y}$ は完全な直線的関係にあることになります。ですから，

$$|r_{x\hat{y}}| = 1 \qquad [1\text{-}13]$$

です（回帰係数が正であれば $r_{x\hat{y}} = 1$ で，負であれば $r_{x\hat{y}} = -1$ になります）。

このことは,「$\hat{y}$ は,x から完全に予測できる(言い換えれば,x によって完全に説明できる)変数である」ことを意味しています。

(7) 上記のように $\hat{y}$ は x に線形変換を行なった変数であること,および,最初に復習したように,各変数にいかなる線形変換を行なっても相関係数の絶対値は変わらないことから,

$$r_{y\hat{y}} = |r_{xy}| \qquad [1\text{-}14]$$

となります(実際,表 1-1 のデータにおいても,$r_{y\hat{y}} = |r_{xy}| = .8$ になります)。

(8) 後で図 1-5 において例示するように,回帰直線は,x の値にかかわらず(大ざっぱに言い換えると,x の値が大きい側でも,小さい側でも)予測の誤差($y-\hat{y}$)が正の値である点と負の値である点が同程度ずつあることになるところを通るものです。ですから,「x の値」によって「予測の誤差が正の値であるか負の値であるかということ(および,その正負の程度)」は異ならず,両者の間には相関関係は生じないはずです。したがって,x と $y-\hat{y}$ の相関係数を $r_{x \cdot y-\hat{y}}$ と表記すると,

$$r_{x \cdot y-\hat{y}} = 0 \qquad [1\text{-}15]$$

になります(証明については,24ページの「ちょっと余分な話 1」を参照してください)。そして,このことから,「$y-\hat{y}$ は,(x と関係していないのだから)x から予測がまったくできない(言い換えれば,x によってまったく説明できない)変数である」ことになります。この「説明変数(x)と予測の誤差($y-\hat{y}$)が無相関である」ということは,非常に重要な事柄です。

なお,表 1-1 のデータにおいても,一番下の行に示したように,各対象の x と $y-\hat{y}$ の値の各々の平均値からの偏差の積和である x と $y-\hat{y}$ の共変動(表 1-1 の $x-\bar{x}$ の行と $y-\hat{y}$ の行の積和)が 0 になるので,$r_{x \cdot y-\hat{y}} = 0$ になります($y-\hat{y}$ の平均値は 0 なので,予測の誤差に関しては,$y-\hat{y}$ の値そのものが平均値からの偏差であることになります)。

(9) (7) に記したように,$\hat{y}$ は x に線形変換を行なった変数であること,および,各変数にいかなる線形変換を行なっても相関係数の絶対値は変わらないことから,説明変数 (x) と予測の誤差 ($y-\hat{y}$) だけでなく,［1-16］式のように,予測値 ($\hat{y}$) と予測の誤差 ($y-\hat{y}$) も無相関になります（このことが表1-1のデータにおいて成立していることについては,各自で確認してください）。

$$r_{\hat{y}\cdot y-\hat{y}} = 0 \qquad [1\text{-}16]$$

(10) y の観測値は,［1-17］式のように,y の予測値と予測の誤差の和として表わすことができます。

$$y_i = \hat{y}_i + (y_i - \hat{y}_i) \qquad [1\text{-}17]$$

これは,たとえば,表1-1のデータにおける1番目の対象で例示するならば,「$1=1.3+(1-1.3)$」,すなわち,「$1=1.3+(-0.3)$」ということです。

ここで,(6) および (8) に記したように,$\hat{y}$ は x によって完全に説明できる変数であり,$y-\hat{y}$ は x によってまったく説明できない変数です。ですから,［1-17］式は,「y の観測値を x によって説明できる部分と説明できない部分に分解している」ことになるものです。そして,［1-16］式のように,$\hat{y}$ と $y-\hat{y}$ は無相関であり,相関係数が 0 であるということは,それらの変数の

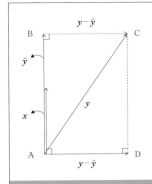

$\hat{y}$ は x の1次関数式によって算出されるものであり,$|r_{x\hat{y}}| = 1$ なので,x ベクトルと $\hat{y}$ ベクトルは完全に同じ向き（または,正反対の向き：$r_{x\hat{y}} = -1$ の場合）のベクトルであることになります。また,$r_{x\cdot y-\hat{y}} = 0$ なので,x ベクトルおよび $\hat{y}$ ベクトルと $y-\hat{y}$ ベクトルは直交していることになります。

図1-4　直交分解

ベクトルが直交していることになるので，[1-17] 式のような分解を，**直交分解**と言います（図1-4）。

なお，図1-4における点Aと点Bを通る直線上の点の中で点Cとの距離が最も短くなるのは点Bです。そして，その最小距離である（ADでもある）BCの長さは予測の誤差の標準偏差に対応しています。また，上記（5）に記したように，予測の誤差の平均値は0なので，予測の誤差の散らばりが小さいことは，予測の誤差そのものが全般に小さいことになります。このようなことを踏まえると，上記の直交分解は，「予測の誤差（の2乗和）を最小にする直線の式を求める」という，最小2乗法の考え方と通底していることがわかります。

(11) 上記のように $\hat{y}$ ベクトルと $y-\hat{y}$ ベクトルが直交しているので，図1-4の△ABCにおいて，三平方の定理が成立します。したがって，「y ベクトルの長さの2乗 = $\hat{y}$ ベクトルの長さの2乗 + $y-\hat{y}$ ベクトルの長さの2乗」です（BCの長さ＝ADの長さです）。そして，ベクトルの長さは各変数の標準偏差の大きさに対応していて，その2乗は各変数の分散なのですから，「観測値の分散＝予測値の分散＋誤差の分散（**誤差分散**：error variance）」であることになります（[1-18] 式）[14]。

$$s_y^2 = s_{\hat{y}}^2 + s_{y-\hat{y}}^2 \qquad [1\text{-}18]$$

これは，「（予測される変数である y の）観測値の分散が予測値の分散と誤差分散に（過不足なく）分解されている」ことを意味しています。また，[1-18] 式の両辺にデータ数である n を掛けると，分散は変動を n で割ったもの（ですから，変動は分散を n 倍したもの）なので，分散が変動に変わり，「観測値の変動＝予測値の変動＋誤差変動」でもあることになります（[1-19] 式）。

$$SS_y = SS_{\hat{y}} + SS_{y-\hat{y}} \qquad [1\text{-}19]$$

そして，表1-1のデータにおいても，$s_y^2=1.25$，$s_{\hat{y}}^2=0.8$，$s_{y-\hat{y}}^2=0.45$で，[1-18] 式が成立しているとともに，$SS_y=5$，$SS_{\hat{y}}=3.2$，$SS_{y-\hat{y}}=1.8$ で，[1

---

[14]「y が $\hat{y}$ と $y-\hat{y}$ の和であり，$r_{\hat{y},y-\hat{y}}=0$ なので，[1-2] 式が成立する」ということです。

-19] 式が成立しています。

(12) 予測値（$\hat{y}$）は，説明変数である x に 1 次の係数が b の線形変換を行なったものなのですから，その分散は，x の分散の b^2 倍であることになります。また，回帰係数である b は [1-7] 式のように表わすことができるので，これらのことから，

$$s_{\hat{y}}^2 = r^2 \frac{s_y^2}{s_x^2} s_x^2$$

$$= r^2 s_y^2 \qquad [1-20]$$

となります。そして，[1-20] 式を r^2 について解くと，

$$r^2 = \frac{s_{\hat{y}}^2}{s_y^2} \qquad [1-21]$$

となります。ですから，相関係数の 2 乗は，予測値の分散の観測値の分散に対する比であり，観測値の分散を予測値の分散と誤差分散に分解したときに，x によって説明できる部分である予測値の分散が（観測値の分散全体の）何％を占めているかを表わしていることになります。そして，このように，相関係数の 2 乗は，「y の分散の中の，x によって説明できる部分の割合に相当するものである」という意味で，**分散説明率**（proportion of variance accounted for）と呼ばれています（**決定係数**：coefficient of determination とも呼ばれます）[15]。

それから，[1-18] 式を $s_{\hat{y}}^2$ について解いたものを [1-21] 式に代入すると，

$$r^2 = \frac{s_y^2 - s_{y-\hat{y}}^2}{s_y^2} \qquad [1-22]$$

となります。また，分散ではなく，変動によって表わすと，

$$r^2 = \frac{SS_y - SS_{y-\hat{y}}}{SS_y} \qquad [1-23]$$

となります（[1-21] 式も，同様に，変動によって表わすことができます）。

---

15) 以上に記したことは，因子分析における共通性や因子寄与率といった事柄などについて理解する上でも非常に重要になります。

ここで，12～14ページに記したように，SS_y は，「x についての情報がないために，どの対象に関する予測をするときにも常に y の平均値を予測値とする」場合の「予測の誤差の全体的な値」です。一方，$SS_{y-\hat{y}}$ は，「各対象の x の値に応じた値である $\hat{y}$ を予測値とする」場合の「予測の誤差の全体的な値」です。ですから，［1-23］式の分子は，予測の誤差の全体的な値が，説明変数についての情報を利用したときに，それがないときに比べて，どの程度減少したかを表わしていることになります。それを SS_y で割った値が r^2 になるのですから，先に記したように，相関係数の2乗は，一方の変数の値から他方の変数の値を予測する文脈においては，予測の誤差の全体的な値が，説明変数についての情報を利用したときに，それがないときに比べて何％減少するかを示しているという意味で，予測の精度の高まりを表わす指標であることになります。

　なお，図1-4においては，x ベクトルと y ベクトルの成す角の余弦が x と y の相関係数に対応するのですから，それは，$\hat{y}$ のベクトルの長さ（すなわち，$\hat{y}$ の標準偏差）の y ベクトルの長さ（y の標準偏差）に対する比であることになります。したがって，「相関係数の2乗は，$\hat{y}$ の分散の y の分散に対する比であることになる」と説明することもできます。

　(13)　［1-20］式が示しているように，予測値の分散は，観測値の分散の r^2 倍です。これに対して，［1-18］式を $s_{y-\hat{y}}^2$ について解き，［1-20］式を使って整理すると，

$$s_{y-\hat{y}}^2 = (1-r^2)s_y^2 \qquad [1\text{-}24]$$

となります。すなわち，誤差分散は，観測値の分散の $(1-r^2)$ 倍であることになります。ですから，（観測値の分散を分解したものである）予測値の分散と誤差分散の比は，$r^2 : 1-r^2$ であることになります（［1-25］式）。

$$s_{\hat{y}}^2 : s_{y-\hat{y}}^2 = r^2 : 1-r^2 \qquad [1\text{-}25]$$

　また，［1-24］式について，両辺の平方根をとると，

$$s_{y-\hat{y}} = \sqrt{1-r^2}\, s_y \qquad [1\text{-}26]$$

となります(表1-1のデータにおいても,[1-24]式,[1-25]式,[1-26]式が成立していることを確認してください)。この$s_{y-\hat{y}}$は予測の誤差の標準偏差であり,(5)に記したように,予測の誤差は0を中心に変動しているので,この値が小さいことは,予測の誤差そのものが全般に小さいことを意味しています。そして,標準偏差は個々の値が平均値から離れている程度の標準的な値であると言えるものなので,$s_{y-\hat{y}}$は,予測の誤差(そのもの)の標準的な値と言えるものであることになり,このような意味で,**予測の標準誤差**(standard error of prediction)と呼ばれています($s_{y-\hat{y}}$は,図1-2における│の部分の線分の長さの標準的な値であることになり,それに対して,s_yは,┊の部分の線分の長さの標準的な値であることになります)。

さて,[1-26]式から明らかなように,予測の標準誤差は説明変数と基準変数の相関係数の絶対値が大きいほど小さくなりますが,(各対象のxの値を踏まえた際の予測の誤差の標準的な値である)予測の標準誤差が(各対象のxの値についての情報がないために,どの対象に関してもyの平均値を予測値とした場合の予測の誤差の標準的な値である)yの標準偏差の$\frac{1}{2}$になるのは,相関係数の絶対値がいくらのときでしょうか。

話は,難しくありません。[1-26]式から,$s_{y-\hat{y}}$がs_yの$\frac{1}{2}$になるためには,$\sqrt{1-r^2}$が.5になればよいことになります。そして,$\sqrt{1-r^2}=.5$ということは,$1-r^2=.25$ということであり,$r^2=.75$となり,$r=\pm\sqrt{.75}=\pm\frac{\sqrt{3}}{2}=\pm.87$のときに,$s_{y-\hat{y}}=0.5s_y$であることになります。したがって,相関係数の絶対値が.87であっても予測の標準誤差は半分にしかならないということです。ですから,現実になんらかの予測を行なう際には,相関係数の絶対値がよほど大きくないと,多くの場合,実質的に意味があると言えるであろう予測をすることができないと考えられます[16]。

---

16) $s_{y-\hat{y}}$がs_yの$\frac{1}{2}$になるということは,図1-4において,ADの長さがACの長さの$\frac{1}{2}$になるということであり,このときの$\boldsymbol{y}$ベクトルと$\boldsymbol{y}-\hat{\boldsymbol{y}}$ベクトルの成す角の大きさは60°になります。ですから,この場合,$\boldsymbol{x}$ベクトルと$\boldsymbol{y}$ベクトルの成す角の大きさは30°であり,$r_{xy}=\cos 30°$で,.87になる,と説明することもできます。なお,「さて」で始まる段落に記した$\frac{\sqrt{3}}{2}$という値を問う問題を,1分という制限時間を設けて,『このシリーズ本を読んでいただくにあたって』(添付冊子)に記した3回目の抜き打ちテストにおいて出したところ,正解者は1人もいませんでした。

なお，回帰係数の統計的有意性に関する検定，すなわち，「$H_0 : \beta = 0$」を帰無仮説とする検定は，[1-7]式のように相関係数が0であれば回帰係数も0になるので，相関係数の有意性検定と同一であることになります（βはbの母数です）。

■■■ちょっと余分な話1 ||||||||||||||||||||||||||||||||||||||||||||||||||||||||||||||■

$$r_{x \cdot y - \hat{y}} = 0 \text{ であることの証明}$$

[1-1]式のように，相関係数は「2つの変数の共分散を各変数の標準偏差の積で割った値」なので，xと$y-\hat{y}$の相関係数が0であることを証明するためには，xと$y-\hat{y}$の共分散が0であることを示せばよいことになります。そこで，以下では，このことを証明します。

最初に復習したように，共分散は，2つの変数の各々における各測定値の平均値からの偏差の積の平均値です。ですから，xと$y-\hat{y}$の共分散は，次の[1-27]式のようになります。

$$s_{x \cdot y - \hat{y}} = \frac{\sum (x - \bar{x})\{(y - \hat{y}) - \overline{(y - \hat{y})}\}}{n} \qquad [1\text{-}27]$$

ここで，「2つの変数の差の値の平均値は，各々の変数の平均値の差と等しい」ので，「$\overline{y - \hat{y}} = \bar{y} - \bar{\hat{y}}$」になります。ですから，[1-27]式は，

$$s_{x \cdot y - \hat{y}} = \frac{\sum (x - \bar{x})(y - \bar{y})}{n} - \frac{\sum (x - \bar{x})(\hat{y} - \bar{\hat{y}})}{n} \qquad [1\text{-}28]$$

と書き換えられます。そして，[1-3]式，および，平均値は線形変換によって変換式通りに変化するので「$\bar{\hat{y}} = a + b\bar{x}$」であることから，[1-28]式は，さらに，

$$s_{x \cdot y - \hat{y}} = \frac{\sum (x - \bar{x})(y - \bar{y})}{n} - \frac{\sum (x - \bar{x})\{a + bx - (a + b\bar{x})\}}{n}$$

$$= \frac{\sum (x - \bar{x})(y - \bar{y})}{n} - \frac{b \sum (x - \bar{x})^2}{n}$$

$$= s_{xy} - b s_x^2 \qquad [1\text{-}29]$$

となり，最後に，第2項のbに[1-5]式の右辺を代入すると，次のようになります。

$$s_{x \cdot y - \hat{y}} = s_{xy} - s_{xy} = 0 \qquad [1\text{-}30]$$

||||||||||||||||||||||||||||||||||||||||||||||||||||||||||||||||||||||||||||||||||||||||||||

■■■ちょっと余分な話2 ||||||||||||||||||||||||||||||||||||||||||||||||||||||||||||||||■

基準変数が質的変数である場合の「分散説明率が100％の状態」と「分散説明率が０％の状態」

　分散説明率というものに関する理解を深めて（ないし，広げて）もらうために，標記のことについて説明します。

　ある大学のあるコースに８人の教員が在籍していました。８人のうちの４人は，コースの行事があるとき，いつもネクタイを着用しており，残りの４人は着用していませんでした。この「行事の際にネクタイを着用しているか否か」という質的変数が，ここでの基準変数です。人によってネクタイを着用しているか否かが異なっているのですから，上記のデータには散らばりがある，すなわち，分散が０ではない，ことになります。そして，着用している場合を１，していない場合を０とする，ダミー変数を構成すると，ダミー変数の分散は，『補足本Ⅱ』の53ページの［２−６］式によって表わされる標準偏差を２乗したものであることから，$p_1(1-p_1)$となり，上記のケースの分散は，$.5 \times (1-.5)$で，.25になります（p_1は，１と数値化されたカテゴリーの度数の比率であり，この場合，ネクタイを着用している人としていない人が半々ずつであれば，$p_1 = .5$になります）。

　さて，「以上のような個人間の散らばりは，どのような変数によって説明できるのだろうか」と考えてみたところ，いつもネクタイを着用している４人はすべて教育学者と呼ばれる人たちで，残りの４人はすべて心理学者と呼ばれる人たちであることに気づきました[17]。ですから，この場合，教員の専門分野別に分析すると，各々においてはデータに散らばりがまったくないことになり，分散が０になった（すなわち，100％減少した）ことになります。これは，各教員の専門分野という変数を説明変数とし，各分野における基準変数の最頻値に基づいて，「教育者であればネクタイを着用しているだろう」，「心理学者であれば着用していないだろう」と予測したときに，すべての対象において正しい予測がなされ，予測の誤差が０になった，と言い換えられるものです[18]。以上のような，「なんらかの変数の値

---

17) まさに余分であろうことですが（そして，安易に一般化することは禁物でしょうが），以上に記した例は筆者が経験した事実に基づくものです（ただし，説明の便宜上，構成員の数を変えてあります）。
18) 基準変数が量的変数の場合には，各対象において「予測の誤差の大きさ（すなわち，予測値と観測値が異なっている程度）」を問題にすることができますが，基準変数が質的変数である場合には，各対象における予測は「正しい（すなわち，予測したカテゴリーと実際のカテゴリーが一致している）」か「正しくない（すなわち，予測したカテゴリーと実際のカテゴリーが不一致である）」かのいずれかでしかなく，誤差の大きさを問題にすることができません。ですから，このような場合には，「予測が正しくなかった比率の減少率」が分散説明率であることになります。

（ないし，カテゴリー）ごとに分析したときに，その説明変数が○○であれば基準変数がすべて××であり，説明変数が○○でなければ基準変数がすべて××でない」というような，2変数間に完全な関係が存在するケースが，基準変数が質的変数である場合の「分散説明率が100%である状態」です。

これに対して，教員の専門分野別に分析した結果，教育学者と心理学者のいずれにおいてもネクタイを着用している人と着用していない人が2人ずつであれば，いずれにおいても上記のダミー変数の分散が .25 のままで，全体で分析した場合と比べてまったく減少していないことになります。ですから，このような「説明変数の値ごとに分析しても，基準変数の各カテゴリーの度数の比率が全体の場合と変わらない」ケースが，基準変数が質的変数である場合の「分散説明率が0％である状態」であることになります。

回帰係数と相関係数

本章の「回帰係数」の項，および，『補足本Ⅱ』の 200〜202 ページの「効果量とは」の項に記したように，回帰係数も相関係数も（そして，相関係数の2乗も）効果量と言える統計的指標です。しかし，相関係数は，各変数にいかなる線形変換を行なっても値（正確には，絶対値）が変化しないのに対して，［1-5］式によって算出される回帰係数の値は，分散および共分散の値が線形変換によって変化するのに応じて変化します。ですから，相関係数は**標準化効果量**で，回帰係数は**非標準化効果量**であることになります（『補足本Ⅱ』の 203 ページに記したように，データにいかなる線形変換を行なっても値が変わらない効果量を標準化効果量と言います）。

なお，以上のことに関連して，「心理学的研究（その中でも，特に，心のメカニズムに関するモデルの構築を主たる目的としている理論的研究）においては，通常，回帰係数の値を知ることは有用ではない」ということに留意しておく必要があると思います[19]。

---

19)「じゃあ，なぜ，かなりの紙幅を使って，回帰係数について説明をしているのか」と言われてしまいそうですが，「本章で説明していることの多くは，『ちょっと本Ⅱ』，『ちょっと本Ⅲ』を含め，これ以降で紹介する種々の分析法の意味を理解してもらうための基本的事項である」と思ってください。

やや難解な記述になってしまいますが，回帰係数は，「説明変数の値が，その尺度の1単位分，対象によって異なることが，基準変数における，その尺度の何単位分の差異に対応しているか」ということを意味しています。具体的には，先に記したように，cm単位で表わされている身長の値からkg単位で表わされている体重の値を予測する文脈で言えば，回帰係数の値は，「身長における1単位分の差異（すなわち，1cmの差異）が体重における何単位分の差異（すなわち，何kgの差異）に対応しているか」を示しています。また，kg単位で測定されている背筋力の大きさからm単位で測定されている遠投の距離を予測する場合で言えば，「背筋力が1kg異なることが遠投の距離が何m異なることに対応しているか」（多分に問題があることを承知の上で，説明の便宜上，あえて因果関係に関わるニュアンスを付けて記述するならば，「背筋力が1kg増加することが遠投の距離を何m伸ばすことにつながるか」）を示しています。そして，以上のような，尺度の単位を踏まえた具体的なことが知りたいのであれば，回帰係数の値は重要になると思います。

しかし，『補足本II』の203～204ページに記したように，多くの心理学的研究においては，得られたデータの値である測定値は，性格や能力，感情，認知活動などに関わるなんらかの心理的構成概念に関する程度である心理量を推定するための表面上の尺度値でしかありません。そして，その表面上の尺度値である測定値においてどの程度の（言い換えれば，何単位分の）差があれば「自尊心の高さ」とか「ある対象に対して注意が向けられている程度」などといった心理量において実質的に有意味な差があると言えるかが明らかになっていることはまずないと言えるでしょう。すなわち，「心理学的研究における測定値は，通常，単位に意味があるものではない」ということです。以上のことが，「尺度の単位に根ざした指標である回帰係数が，心理学的研究においては，通常，有用ではない」ということの理由です[20]。

それから，回帰係数と相関係数の間には，「2つの変数の間に直線的な関係

------

[20] 変換を行なうということは，尺度の単位を変えるということです（たとえば，「m単位で表わされていた身長についての測定値を一律100倍する」という線形変換を行なうということは，「単位をcmに変える」ということです）。また，『補足本II』の203ページで標準化平均値差（d）に関して記したように，標準化効果量はどのような単位の尺度で測定したかに依存しない指標です。

が存在する場合には，回帰係数は説明変数の値による切断効果の影響を受けないのに対して，相関係数は切断効果の影響を受ける」という違いがあります。そして，もう少し具体的に言うと，回帰係数は，xの値が特定の範囲に入るデータしか得られていなくても，全範囲のデータが得られた場合の値と変わらない値になるのに対して，相関係数は，xの値が特定の範囲に入るデータしか得られていない場合，全範囲のデータが得られた場合の値に比べて，絶対値が小さくなってしまいます（ただし，これは，上記のように「2つの変数の間に直線的関係が存在する場合」のことです）。

たとえば，直線的な関係が認められる，図1-5に示した$n=10$のデータでは，回帰係数が1で，回帰直線の式は$\hat{y}=1+x$になります。そして，図の右側に示したように，このデータでは，xの値が特定の範囲に入るデータのみで回帰係数と相関係数を算出すると，回帰係数の値は全データで算出した場合とまったく変わらないのに対して，相関係数の値は用いるデータにおけるxの範囲が狭くなるほど小さくなります（このようになる理由については，南風原，2002 の 69〜72ページを参照してください）[21]。

なお，当然のことながら，2つの変数の関係が直線的でない場合（たとえば，全体的にはU字型ないし逆U字型の曲線的関係が存在する場合）には，相関係数だけでなく，回帰係数も切断効果の影響を大きく受けます。

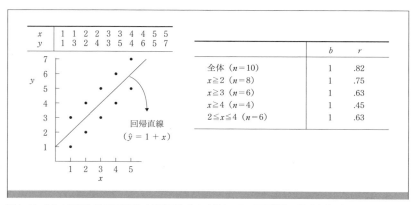

図1-5 「2つの変数の間に直線的な関係が存在する場合には，回帰係数は説明変数の値による切断効果の影響を受けないのに対して，相関係数は切断効果の影響を受ける」ことについての例示

単回帰分析の結果について解釈する際の留意点

　（1）『補足本Ⅱ』の148〜150ページの「2分法的思考」の項に記したように，統計的データというものは，元来，量的に連続して変化する値について問題にしているものです。ですから，まず基本的かつ自明のこととして，「回帰係数や相関係数，相関係数の2乗などの値が○○以上であれば，〜と言える」などというような一般的・絶対的基準は存在しないし，つくり得ないことを踏まえておくべきだと思います。『補足本Ⅱ』の212ページに，相関係数の2乗の値について解釈する場合で例示したように，統計的データの解釈には，「ものは考えよう」といった，曖昧な面が多分に存在するのです。

　（2）「現実になんらかの予測を行なう際には，相関係数の絶対値がよほど大きくないと，多くの場合，実質的に意味があると言えるであろう予測をすることはできない」ということを23ページに記しました。筆者は，得られた結果を過大に評価しないようにするためには，このことをしっかり踏まえておく必要があると思っています。そして，そのためには，「相関係数の値が○○であるということは，各対象の説明変数の値についての情報を利用したときに，説明変数についての情報がない状況下で（基準変数の平均値を常に予測値として）予測をする場合に比べて，予測の標準誤差が，どの程度小さくなることに対応しているのか」ということについて認識しておくことが望ましいと思っています。そこで，このようなことを表1-2にまとめてみました。相関係数が.5であっても，予測の標準誤差は，説明変数についての情報がない状況下で予測をする場合の.87倍にしかならない（言い換えれば，予測が外れている程度の標

21）　このデータが例示しているように，2つの変数の間に直線的な関係が存在している場合，回帰直線は，説明変数である x の値にかかわらず，予測の誤差である $y-\hat{y}$ が正の値である点と負の値である点が同程度ずつあるところを通ることになります。そして，そのため，「予測の誤差の平均値は0である」という［1-12］式と，「説明変数と予測の誤差の相関係数は0である」という［1-15］式が成立することになります（図1-5のデータでは，x の値にかかわらず，$y-\hat{y}$ が＋1であるものと－1であるものが1つずつあることになるので，［1-12］式および［1-15］式が成立します）。

表1-2　相関係数と予測の標準誤差の低下の度合いの関係

相関係数	0	.1	.2	.3	.4	.5	.6	.7	.8	.9	.95	.98	.99	1
予測の標準誤差の低下の度合い†	1	.99	.98	.95	.92	.87	.80	.71	.60	.44	.31	.20	.14	0

† ここで言う「予測の標準誤差の低下の度合い」とは、説明変数についての情報がない状況下で予測をする場合の標準的な誤差である y の観測値の標準偏差の値を1としたときに、説明変数についての情報を利用したときの予測の標準誤差がいくらになるかを示しています。ですから、値が小さいほど、予測の誤差の減少率が大きいことになります。

* x と y の相関係数は、図1-4では、x ベクトルと y ベクトルの成す角の大きさを θ とすると、$\cos\theta$ であることになります。これに対して、ここで問題にしている「予測の標準誤差の低下の度合い」は、図1-4におけるADの長さ（予測の誤差の標準偏差である $s_{y-\hat{y}}$）のACの長さ（y の観測値の標準偏差である s_y）に対する比であり、それは $\sin\theta$ であることになります。そして、$\sin^2\theta + \cos^2\theta = 1$ なので、$\sin\theta = \sqrt{1-\cos^2\theta} = \sqrt{1-r_{xy}^2}$ になります。

準的な値は13％しか減少しない）ことがわかります。

（3）回帰係数（の絶対値）は、説明変数の基準変数に対する規定力の指標だと考えられがちですが、当然のことながら、それは、本来はあくまで数式上の事象であり、必ずしも（と言うよりも、ほとんどの場合）「説明変数が基準変数に及ぼす影響の強さを表わしている」などと短絡的に考えることはできません。

ただし、因果関係の特定はできなくても（ないし、「説明変数→基準変数」の方向の因果関係が存在していなくても）、説明変数が基準変数に時間的に先行して観測されるものであるならば、見いだされた関係を、説明変数の値から基準変数の値を予測することに役立てることはできると思います。また、将来起こることの予測ではなくても、見いだされた関係を、説明変数の値から基準変数の値を推測することに役立てることも可能だと思います。

たとえば、図1-6のように（塩分を多く含む）漬け物をたくさん食べることが緑茶を飲む量を増加させるとともに、血圧を上昇させるとします。そうすると、緑茶を飲む量と血圧の高さの間には、漬け物を食べる量という第3の変数の介在によって、正の疑似相関が発生すると考えられます。このようなとき、（直接的であれ、間接的であれ）「緑茶の摂取→血圧の上昇」という方向の因果関係が存在していないのであれば、「血圧が高い人が緑茶を飲むことを控えることによって血圧（の上昇）を抑える」という現状の改善の試みは失敗に終わるでしょう。しかし、目的が、現状の改善という事態のコントロールではなく、各自がふだん緑茶を飲んでいる量を知ることによって、各々の人が今後

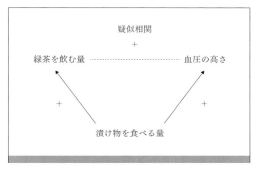

図1-6 緑茶を飲む量と血圧の高さと漬け物を食べる量の間に想定される関係

どの程度血圧が高まるかを予測することや，各々の人の現在の血圧がどの程度であるかを推測することであれば，見いだされた関係をその目的に利用することは，それなりに有用でしょう。

　以上のように，まずは，「○○が××に影響を及ぼしていることが示された」などと不用意に決めつけるような一面的な因果解釈は禁物であることを肝に銘じておくとともに，見いだされた関係をどのようなことに活用するのか，ということを意識しながら結果の解釈・記述をすることが大切だと思います[22]。

　（4）先に，「2つの変数の関係が直線的でない場合には，相関係数だけでなく，回帰係数も切断効果の影響を大きく受ける」ということを記しました。したがって，「見いだされた関係を得られたデータの範囲外に不用意に広げて適用する（たとえば，$1 \leq x \leq 10$ の範囲のデータで示された x と y の関係に基づいて，「$x=15$ のとき，y は○○くらいになるだろう」などと推測する）ことは危険であるも踏まえておく必要があります。

　（5）これは回帰分析に限定されることではなく，あらゆる統計的分析の結果について考察するときに留意しておくべき事柄ですが，見いだされた x と y

---

[22]　もちろん，ここに記したことは，単回帰分析に関してだけでなく，『ちょっと本Ⅲ』で解説する重回帰分析などにおいても該当することです。

の関係を不用意に一般化して，検討の対象になったものとは異なる集団や状況にも同様の関係があてはまると考えるのは危険です。たとえば，身長の値から体重の値を予測する際の回帰直線の式は，厳密に検討すれば，男性の場合と女性の場合で異なるでしょうし，年齢によっても異なると考えられます。背筋力と遠投の距離の関係も，他の筋力もかなり鍛えられたアスリートの場合とそうではない人たちの場合では異なるかもしれませんし，投げるボールの種類や投げ方などによっても異なると考えられます。このように，集団や状況の差異などに関わるなんらかの第3の変数が x と y の関係を左右する調整変数になっている（言い換えれば，その第3の変数と説明変数 x の間に，基準変数 y に対して交互作用効果がある）可能性について踏まえておくことが大切であり，このような意味で，研究の結果を一般化する際の限定条件について多面的に考えてみることは，やはり重要だと言えるでしょう。

予測の誤差の意味

　予測の誤差は，各対象の基準変数の観測値と（その対象の説明変数の値に基づく）基準変数の予測値の差なのですから，「各対象の基準変数の値が，説明変数（の値）のわりにどの程度大きい（または，小さい）かを示している」と言えるものです。たとえば，これは南風原（2014）などでも記されている例ですが，身長の値から体重の値を予測する場合で言えば，予測の誤差は，各対象が「身長のわりに体重がどの程度重い（または，軽い）か」を表わしており，体重の値そのものよりも，各対象の肥満度ないし痩身度の指標として妥当性が高いものだと考えられます。すなわち，ある2人の人が体重がともに80kgであったとしても，一方の身長が160cmで，他方の身長が190cmであるならば，前者の方が肥満傾向が強いと言えるでしょうが，このことに対応して，身長からの予測値は前者の方が小さくなり，実際の体重である観測値と予測値の差である予測の誤差は前者の方が（正の）大きな値になります。そして，このような，身長の値によって体重の値を説明しようとしたときの，説明できずに残された成分（すなわち，残差）と言えるであろう予測の誤差の値の方が，体重の

値そのものよりも，なんらかの病気になる可能性を予測する際などには有用になると考えられます[23]。

くどいかもしれませんが，非常に重要なことなので，もう1つ，例を示します（といっても，『補足本Ⅰ』の46〜50ページで提示したものと基本的に同じものです）。パソコンを購入しようとする際に，各製品の性能の良さと購買意思がどのように関係しているかについて検討するために，ある人に，性能の良さと価格の異なるA〜Gの7種類のパソコンを提示して，それぞれをどの程度買おうと思ったかについて回答を求めたとします。得られたデータは表1-3の通りであり，図1-7に示したように，（常識に反して）性能の良さと購買意思の相関係数は0になっています。これに対して，価格と性能の良さの間には「価格が高いものほど性能が良い」という正の相関関係が認められるので，価格から性能の良さを予測する回帰分析を行なって，各パソコンにおける予測の誤差の値を求め，この予測の誤差の値と購買意思の相関係数を算出すると，.87になります（図1-8）。すなわち，性能の良さそのもの（ないし，性

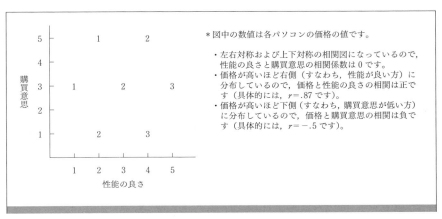

図1-7　表1-3のデータにおける各変数の関係

▪▪▪
23) ただし，この場合，予測の誤差が0であるからといって肥満度ないし痩身度が0であるとは言えません。たとえば，太り気味の人たちばかりを対象にデータの収集が行なわれていたら，予測の誤差が0である人は，太り気味の人であることになります。なぜならば，図1-5からわかるように，身長と体重の間に直線的な関係がある場合，予測値は，身長の値ごとの体重の平均値であることになり，太り気味の人たちの中での平均体重であるということは，太り気味であることになるからです。

表1-3 パソコンの性能の良さと価格と購買意思の関係に関する架空のデータ

パソコン	A	B	C	D	E	F	G
性能の良さ	1	2	2	3	4	4	5
価格	1	1	2	2	2	3	3
購買意思	3	5	1	3	5	1	3

・数値が大きいほど,性能が良い,価格が高い,購買意思が強いことを意味しています。

パソコン	A	B	C	D	E	F	G
性能の良さ (x_1)	1	2	2	3	4	4	5
価格からの予測値 ($\hat{x}_1$)†	1.5	1.5	3.0	3.0	3.0	4.5	4.5
予測の誤差 ($x_1 - \hat{x}_1$)††	−0.5	0.5	−1.0	0.0	1.0	−0.5	0.5
購買意思 (y)	3	5	1	3	5	1	3

† 価格 (x_2) を説明変数,性能の良さ (x_1) を基準変数とする単回帰分析を行なうと,回帰直線の式は $\hat{x}_1 = 0 + 1.5 x_2$ になります。そして,表1-3に記した各パソコンの x_2 の値をこの式に代入すると,各パソコンの予測値 ($\hat{x}_1$) が求まります。

†† BとCは,性能の良さは同じですが,価格はBの方が安いので,「価格のわりに性能がどの程度良い(または,悪い)か」に関しては,Bの方が良いものである(お買い得である)ことになります。そして,このことに対応して,予測の誤差が,Bでは0.5であるのに対して,Cでは−1.0になります。また,FはBよりも性能が良い製品ですが,価格がFの方が高く,「価格のわりに性能がどの程度良い(または,悪い)か」に関しては,逆にBの方が良いものであることになります。そして,このことに対応して,予測の誤差が,Bでは0.5であるのに対して,Fでは−0.5になります。

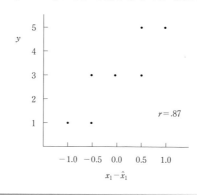

図1-8 表1-3のデータにおける「各パソコンの価格から性能の良さを予測する際の予測の誤差 ($x_1 - \hat{x}_1$)」と「購買意思 (y)」の関係

能の良さ単独）では購買意思との関係がまったく認められないけれども，「各パソコンが価格のわりにどの程度性能が良い（ないし，良くない）か」という変数にすると購買意思との関係が明確に認められるようになる，ということです。このようになっているのは，価格が同程度であれば性能が良いものほど買おうと思うけれども，全般に，性能が良いものほど価格が高く，価格の高さは（性能の良さとは逆に，性能の良さが同程度であれば）購買意思を低下させるので，両者の影響が相殺されて，価格の高さを考慮しないと，性能の良さと購買意思の関係が的確に見いだせなくなるからだと考えられます。

　誤差というと望ましくないものであるようなイメージを抱きがちですが，以上のように，予測の誤差というものには非常に有用な面があります。

　それでは，予測の誤差の意味について，もう少し詳しい説明をします。表1-4に示したデータは，表1-1に示したものと同一です。xを説明変数，yを基準変数とする単回帰分析を行なうと，回帰直線の式は$\hat{y}=0.5+0.8x$となり，各対象における予測値（$\hat{y}$）と予測の誤差（$y-\hat{y}$）は，表中に示したようになります。

表1-4　予測の誤差（残差）の「説明変数の統制」ということに関する意味についての例示

x	1	2	3	4	
y	1	3	2	4	
$\hat{y}$	1.3	2.1	2.9	3.7	$\hat{y}=0.5+0.8x$
$y-\hat{y}$	−0.3	0.9	−0.9	0.3	
y' †	2.2	3.4	1.6	2.8	$r=1$

† xの値がどの対象においても2.5であったと仮定した場合のyの値。

　さて，ここで，xの値を一定にしたときのyの値（もう少していねいに言うと，xの値がすべての対象において一定であったと仮定した場合のyの値）というものを考えてみます（これを，y'と表記することにします）。一定にするxの値は任意なのですが，説明の便宜上，ここでは，xの平均値である2.5にすることにします。この場合，回帰直線の傾きである回帰係数が0.8なのですから，xの値が実際の値よりも1大きければ，yの値は実際の値よりも0.8大きくなっていたはずだと推測されます。このように考えると，図1-9に示したように，$x=1$である1番目の対象のyの値は，$x=2.5$であったならば，

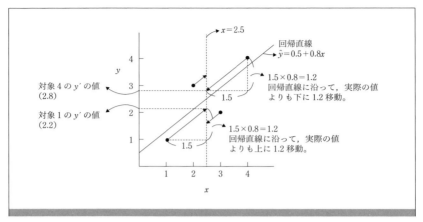

図1-9　y' の意味についての説明1

x の値が実際よりも 1.5 大きいことになるのですから，その 0.8 倍である 1.2，実際の y の値（すなわち，観測値）よりも大きくなっていたであろうと推測されます。したがって，1 番目の対象の y' の値は，$1+1.2$ で，2.2 になります。また，$x=4$ である 4 番目の対象の y の値は，$x=2.5$ であったならば，x の値が実際よりも 1.5 小さいことになるのですから，その 0.8 倍である 1.2，実際の y の値よりも小さくなっていたであろうと推測されます。したがって，4 番目の対象の y' の値は，$4-1.2$ で，2.8 になります。そして，2 番目の対象と 3 番目の対象についても同様に考えると，y' の値は，表1-4 に記したように，3.4，1.6 になります[24]。

次に，図1-10 を見てください。この図から，y' の値が，傾きが 0.8 である回帰直線に沿って「x の値が大きいほど y の値も大きい」という傾向を示して分布していたものを，「そのような x の値に応じた y の値の違いを除去すると（言い換えれば，x の値に応じて y の値が異なっていたと考えられる部分を補

---

[24] y の観測値に関しては「対象 4 > 対象 2」になっていますが，y' の値に関しては逆に「対象 2 > 対象 4」になっています。これは，「対象 4 の y の値が対象 2 の y の値よりも大きかったのは，対象 4 の x の値が対象 2 の x の値よりも大きかったからであり，x と y の関係から推測するならば，両者の x の値が等しければ，対象 2 の方が y の値は大きかったと考えられる」ということを意味しています。そして，このことは，予測の誤差についても同様に当てはまり，「x の値のわりに y の値がどの程度大きい（または，小さい）か」という見方をすると，対象 2 の方が対象 4 よりも大きいことになる，ということに対応しています。

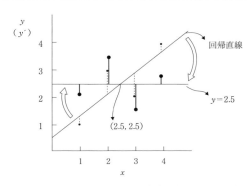

　$(\bar{x}, \bar{y})$ である (2.5, 2.5) のところを固定して，回帰直線を時計まわりの方向に回転させて傾きを0にすると，各対象の測定値を表わしている4つの点は，●から●に移動します。ただし，その際，各対象の x の値が変わらないようにする（すなわち，各点が水平方向には動かないようにする）とともに，各点の回帰直線からの鉛直線上の方向と距離も変わらないようにします（したがって，各対象における $\vdots$ の長さと $\vdots$ の長さは同じです）。このように移動させると，●で表わされているもとの4つの点は右上がりに分布していたのに対して，●で表わされている移動後の4つの点に関してはこのような傾向がまったくなくなります。

図 1-10　y' の意味についての説明 2

正すると），各対象の y の値はいくらになるか」ということを示していることがわかります。そして，このように，y' の値は x の値に応じて（その1次関数として）y の値が異なっていたと考えられる部分を除去ないし補正したものなので，x とは直線的な関係がない，x との相関係数が0である変数になるのです。

　さあ，最後に記した「y' は，$y-\hat{y}$ と同様に，x と無相関である」ということから推察されるかと思いますが，以上のようにして算出された y' と予測の誤差である $y-\hat{y}$ の間には，どのような関係があるでしょうか。表1-4における両者の値を対象ごとに見比べてみればすぐにわかりますが，この場合，どの対象においても，y' の値は $y-\hat{y}$ の値よりも（y の平均値である）2.5大きくなっています。ということは，両者の間には1次の係数が正である完全な直線的関係が成立しているということであり，y' と $y-\hat{y}$ の相関係数は1になります。したがって，$y-\hat{y}$ について分析した結果（たとえば，別の変数である z と $y-\hat{y}$ の相関係数）と y' について分析した結果（z と y' の相関係数）は，一

致します。そして、以上のことから、「予測の誤差は、x の値を一定に統制したときの各対象の y の値である」と言えるものであることになります。

『補足本Ⅰ』の42～46ページで疑似相関について説明する際、「2×4（ツー・バイ・フォー）工法（という新しい建築工法）で建てられた家は、そうではない既存の工法で建てられた家に比べて、倒壊率が低かった」というデータを提示しているテレビCMが放映されていたことを紹介しました。これは、工法という変数と倒壊したか否かという変数の関係について述べたものですが、『補足本Ⅰ』にも記したように、このような関係が生じたのはCMにおいて暗示されている「2×4工法で建てたから倒壊しにくくなった」という因果関係によるものだとは限らないと思います。それは、「2×4工法で建てられたということは比較的新しい家であり、2×4工法で建てられた家であれ、そうではない家であれ、新しい家は古い家よりもがたが来ていないので倒壊しにくい」と考えられるからです。すなわち、上記の関係は、築年ないし家の新しさという第3の変数が工法と倒壊するか否かの両変数を規定している（ないし、それらと関係している）ために生じた擬似相関である可能性があると考えられるわけです。そして、このような擬似相関であるという解釈の妥当性について検討するためには、「同程度の築年ごとに2×4工法で建てられた家の倒壊率と既存の工法で建てられた家の倒壊率を比べる」というように、築年が2×4工法で建てられた家と既存の工法で建てられた家で異ならないように（すなわち、築年が一定になるように）統制して工法と倒壊したか否かの関係について検討する必要があります。

以上のように、「2つの変数の間の関係について検討する際には、それらに影響を及ぼし（ないし、関係し）、それらの関係を攪乱させていると考えられる第3の変数を一定の値に統制する」ということが重要になります。そして、このようなことを統計的分析において行なう際、予測の誤差（残差）という変数を導入することが非常に有用になるのです[25]。

なお、y' と $y-\hat{y}$ は、相関係数が1になるだけでなく、回帰係数も必ず1に

---

[25] ここで説明した「予測の誤差は、x の値を一定に統制したときの各対象の y の値である」ということは、『ちょっと本Ⅱ』、『ちょっと本Ⅲ』で解説する、共分散分析、偏相関係数、部分相関係数、重回帰分析などの意味を理解する上で非常に重要になります。しっかり覚えておくようにしてください。

なる関係にあります。すなわち，$y-\hat{y} = y' + c$（c は定数）であり，予測の誤差の平均値は0であることから，予測の誤差は，上記のような意味をもつ y' の値を，その平均値が0になるように中心化した値（上記の例では，一律2.5引いた値）である，と言えるものであることになります。

◨■■ちょっと余分な話3 ||||||||||||||||||||||||||||||||||||||||||||||||||||||||||||||||||||||||||||||■

予測の誤差が大きい対象について精査することの有用性

　予測の誤差（の絶対値）が大きいということは，x によって説明できない部分が大きく残っているということです。したがって，因果の方向が $x \to y$ であると考えられるケースであれば，予測の誤差が大きい対象においては，x 以外で y に影響を及ぼしている変数が大きく関わっている可能性が高いものと考えられます。ですから，このような対象について詳しく調べることは，x 以外で y に影響を及ぼしている新たな変数の候補を探索することになると思います。このような意味でも，予測の誤差というものは有用な変数だと言えるでしょう（高橋・村山，2006 は，以上のような考えに基づいた探索的研究を実際に行なっています）。

||||||||||||||||||||||||||||||||||||||||||||||||||||||||||||||||||||||||||||||||||||||||||||||||||||||||||||||||||||||||

予測の誤差と観測値の関係

　ここでは，以上のような意味をもつ予測の誤差（$y-\hat{y}$）と観測値（y）の関係について説明します。

　y と $y-\hat{y}$ の相関係数は，19ページの図1-4における **y** ベクトルと **y**-**ŷ** ベクトルの成す角の余弦であり，それは，**y**-**ŷ** ベクトルの長さ（すなわち，ADの長さ）の **y** ベクトルの長さ（ACの長さ）に対する比であることになります。また，**x** ベクトルと **y** ベクトルの成す角の大きさを θ とすると，「$\sin\theta =$ BCの長さのACの長さに対する比＝ADの長さのACの長さに対する比＝$\cos$

$(90°-\theta) = y$ と $y-\hat{y}$ の相関係数」であり，$r_{xy}=\cos\theta$，$\sin^2\theta + \cos^2\theta = 1$（したがって，$\sin\theta = \sqrt{1-\cos^2\theta}$）であることから，

$$r_{y\cdot y-\hat{y}} = \sqrt{1-r_{xy}^2} \qquad [1-31]$$

となります[26]。ですから，説明変数（x）と基準変数（y）の相関係数の絶対値が小さいほど観測値と予測の誤差の相関係数は大きくなることがわかります（図1-4で言えば，x と y の相関係数の絶対値が0に近い値であるということは，それらのベクトルの成す角が90°に近いということであり，[1-15]式が示しているように $\boldsymbol{x}$ ベクトルと $\boldsymbol{y}-\hat{\boldsymbol{y}}$ ベクトルは必ず直交しているので，$\boldsymbol{y}$ ベクトルと $\boldsymbol{y}-\hat{\boldsymbol{y}}$ ベクトルがほぼ同方向のベクトルであることになる，ということです）。そして，$r_{xy}=0$ であるとき，$r_{y\cdot y-\hat{y}}=1$ になり，このことは，15ページに記した，「$r=0$ であれば，予測値は常に y の平均値であることになり，"x についての情報がないときの予測の誤差の2乗和"と"各対象の x の値に基づいて予測をした場合の予測の誤差の2乗和"が同じものであることになる」ということに対応しています。

なお，表1-1のデータに関して y と $y-\hat{y}$ の相関係数を算出すると.6になり，[1-31]式が成立していることが確認されます。

回帰効果

本章の最後に，予測という文脈であるにもかかわらず，なぜ回帰という言葉が用いられているのかや，そもそも統計における回帰とはどのような意味であるのか，といったことに関わる話をします。

---

[26] y と $y-\hat{y}$ の相関係数は，$\boldsymbol{y}-\hat{\boldsymbol{y}}$ ベクトルの長さの $\boldsymbol{y}$ ベクトルの長さに対する比であり，それは予測の誤差の標準偏差の観測値の標準偏差に対する比でもあることから，[1-31]式は[1-26]式と基本的に同一のものであることがわかります。また，ここに記したことは，表1-2で説明したことと多分に重複しています。

▶▶▶▶ **回帰効果とは：回帰という言葉の由来**

　ゴールトン（Galton, F.）という，遺伝学者であり統計学者でもあった人は，遺伝に関する統計的研究を行なっている中で，「父親が（その集団の）平均値よりも身長が高い場合，その息子の身長は父親よりも低くなる傾向にあり，逆に，父親が平均値よりも身長が低い場合，その息子の身長は父親よりも高くなる傾向にある」という現象を見いだしたそうです。ということは，いずれの場合も，「息子の身長は，父親の身長に比べて，集団の平均値の方向に戻る傾向にある」ということです。ゴールトンは，父親の身長と息子の身長の関係以外にも同様の現象を見いだし，これらの現象に対して，日本語の「後戻りする」といった意味に対応する regress という言葉を使ったそうです。そして，このことが由来になり，ある変数の値の1次関数式によって別の変数の値を予測する（上記の父親と息子の身長の場合で言えば，父親の身長から息子の身長を予測する）際の，データにもっともフィットした予測式によって表わされる直線が回帰直線と呼ばれるようになるとともに，上記のような，「各対象の基準変数（y）の値が，説明変数の値に比べて，全般に，集団の平均値の方向に戻る傾向にある」という現象が**回帰効果**（regression effect）と呼ばれるようになりました[27]。また，regression の頭文字にちなんで，相関係数を表わす記号が r になったようです。

　それでは，回帰効果について，これまでに説明してきた単回帰分析に関わる種々の事柄に基づいて，詳しい説明をします。上記のように，父親の身長を説明変数（x），（成人し，もう身長が伸びなくなった時点での）息子の身長を基準変数（y）とします。息子の身長も成人後のものなので，平均値と標準偏差は，父親の値とほとんど変わらないと考えてよいと思います[28]。ですから，$\bar{x}=\bar{y}$，$s_x=s_y$ です。また，一般に，親の身長が高いほど子どもの身長も高い傾向にあるので，$r_{xy} > 0$ であり，ここでは $r_{xy} = .5$ であるとします。

■■■──────────
27）このように「y の値が平均値の方向に戻る」ということから，x から y を予測する際の直線であるにもかかわらず，「y の（x への）回帰」というようになったと考えられます（ただし，「x への」という部分については，筆者はしっくりいっていません）。

図1-11は，以上の状態を示したものであり，図中の点線は，$y=x$である点の集合，すなわち，父親の身長と息子の身長が等しいラインです。また，実線は回帰直線です。［1-10］式を使って説明したように，回帰直線は，$(\bar{x}, \bar{y})$を通る傾きがbの直線であり，この場合，$s_x=s_y$なので，［1-8］式より，$b=r=.5$であることになります[29]。そして，各対象の測定値を表わす点は，$y=x$ではなく，回帰直線に沿って分布している（すなわち，回帰直線よりも上

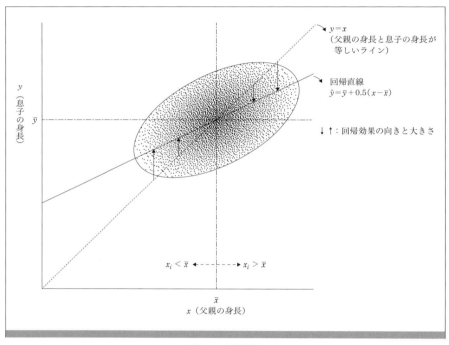

図1-11　回帰効果

----
28) 日本人の男性の30歳時の平均身長は1945年から2005年の60年間に12cmくらい伸びているようなので，近年の我が国においては，「父親の身長の平均値＝息子の身長の平均値」という仮定は成立していません。しかし，このような日本人の平均身長の増加は，人類の歴史上，異常であると言えるであろう現象であり，通常は，この仮定が（ほぼ）成立すると考えてよいと思います。ちなみに，単純に上記のペースで平均身長が伸びていったら，6万年後の日本人の男性の平均身長は120mくらいで，ゴジラよりも巨大な生物であることになってしまいます（もっとも，映画の制作会社が発表しているゴジラの身長も年代によってかなり変化しているようですが：＾＾）。

29) 相関係数の絶対値は1を超えないので，$s_x=s_y$であるならば，回帰直線の傾きは必ず1以下になります。

側にある点と下側にある点がほぼ半数ずつある）ので，$x_i > \bar{x}$ である図の｜よりも右側においては，$y=x$ よりも下側にある点の方が上側にある点よりも多いことになります。ということは，最初に記したように，「父親が平均値よりも身長が高い場合，その息子の身長は父親よりも全般に低くなる」ということです。一方，$x_i < \bar{x}$ である図の｜よりも左側においては，$y=x$ よりも上側にある点の方が下側にある点よりも多いことになります。ということは，「父親が平均値よりも身長が低い場合，その息子の身長は父親よりも全般に高くなる」ということです。そして，これらの傾向は，x の値が平均値から離れているほど顕著になります。

なお，図中にも記したように，図中の鉛直線方向の矢印付きの線分が回帰効果の方向と大きさを表わしています。この線分の長さによって表わされる回帰効果の大きさは，上記のように，x の値が平均値から離れているほど大きくなるとともに，回帰直線の傾きである r の値が小さく，回帰直線と $y=x$ のラインのずれが顕著になるほど大きくなります。

それから，x の値が平均値よりも大きいほど y が x よりも小さくなりやすく（すなわち，$y-x$ が絶対値が大きい負の値になりやすく），逆に，x の値が平均値よりも小さいほど y が x よりも大きくなりやすい（すなわち，$y-x$ が絶対値が大きい正の値になりやすい）ということは，全体として，「x の値が大きいほど $y-x$ の値が小さくなる傾向がある」ということです。ですから，この場合，x と $y-x$ の相関係数が負になる，ということになります。そして，このことは，図1-12に示したように，$\bar{x}=\bar{y}$ でなくても，$s_x=s_y$ であれば，必ず成立します。また，完全に $s_x=s_y$ でなくても，s_y が s_x よりもかなり大きい場合でない限り，通常は，x と $y-x$ の相関係数は負になります[30]。そして，このことを踏まえて，回帰効果を拡張してとらえると，「回帰効果は，x と $y-x$ の相関係数が負になる現象である」と言えると思います（図1-12において，x と y の相関係数が小さく，$\boldsymbol{x}$ ベクトルと $\boldsymbol{y}$ ベクトルの成す角が大きくなると，図中の θ が90°よりも大きい傾向が顕著になり，x と $y-x$ の相関係数がより絶対値が大きい負の値になりますが，このことも，先に記した「回帰効果は，回

---

30)「x と $-x$ を含むものとの相関だから（通常は）負になるのは当然」とも言えると思います。

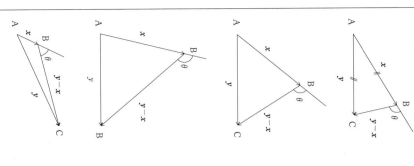

xベクトルと$y-x$ベクトルの成す角の大きさがθです。$s_x=s_y$であれば、△ABCが二等辺三角形になるので、$s_x=s_y$であれば、xベクトルと$y-x$ベクトルの成す角の大きさは$90°$より大きくなります。ですから、xと$y-x$の相関係数は、$s_x=s_y$であれば、必ず負の値になる。

完全に$s_x=s_y$でなくても、xとyの相関係数が1に近い値で、xベクトルとyベクトルの成す角が小さくなっていなければ、θはやはり$90°$よりも大きくなるので、xと$y-x$の相関係数は、負の値になります。

xとyの相関係数が小さく、xベクトルとyベクトルの成す角が大きくなると、θが$90°$よりも大きい傾向が顕著になり、xと$y-x$の相関係数は、絶対値が大きな負の値になります。

yの標準偏差がxの標準偏差よりもかなり大きく（すなわち、yベクトルがxベクトルよりもかなり長く）、かつ、xとyの相関係数が正の大きな値であれば（すなわち、xベクトルとyベクトルの成す角が小さければ）、θが$90°$よりも小さくなり、xと$y-x$の相関係数は正の値になります。

図1-12　種々のケースにおけるxと$y-x$の関係

帰直線の傾きである r の値が小さく，回帰直線と $y=x$ のラインのずれが顕著になるほど大きくなる」ということに対応しています）。

▶▶▶▶ 回帰効果が生じる原因

　唐突ですが，複数の人に，「偶数が出ろー」と念じながらサイコロを10回振り，そのうちの何回において（念じた通り？）偶数が出たかを得点とする，サイコロの目を操る超能力を測定するためのテスト（？）を，2回にわたって実施したとします。そして，1回目に偶数が出た回数を x，2回目に偶数が出た回数を y とします。このようなとき，偶数が出た回数が1回目から2回目の間でどの程度増減したかを表わす $y-x$ の値を個人ごとに求め，その平均値を，x の値が（「誰にも上記のような超能力はなく，各回に偶数が出るか奇数が出るかはフィフティ・フィフティである」という仮定のもとでの x の期待値である）5よりも大きかった人たちと5よりも小さかった人たち別に算出したら，どうなるでしょうか。また，x と $y-x$ の相関係数は，どうなるでしょうか。

　常識的に考えるならば，人には上記のような超能力はないでしょうから，各自の x の値と y の値は，偶然のみによって規定されていると考えられます。そして，そうであるならば，1回目に偶数を（たまたま）5回よりも多く出した人も，（たまたま）5回よりも少なかった人も，2回目に偶数が出る回数の期待値は5であり，偶数が出た回数は，前者の人たちにおいては（全般に）減少し，後者の人たちにおいては（全般に）増加するはずです。すなわち，$y-x$ の平均値は，$x>5$ の人たちにおいては負の値になり，$x<5$ の人たちにおいては正の値になると考えられます。また，同様の理由から，x と $y-x$ の相関係数は負の値になるはずです。

　図1-13は，以上のようなテストを40人の人を対象に実際に行なってみた結果をまとめたものです。上記の常識的に考えた通りの結果であり，1回目に偶数をたくさん出した人も少ししか出せなかった人も，それらは偶然そうなったのであって，そのような偶然の影響は2回目においても各対象に対して無作為に働くため，このような結果になったものと考えられます[31]。そして，このような「偶然の影響が x と y の各々において独立に働くことによる効果」は，各

1回目 (x)	4	3	5	7	7	5	5	5	2	6	3	5	6	1	5	6	4	5	5
2回目 (y)	3	5	5	6	2	6	9	2	7	5	4	6	5	6	4	8	4	5	5
$y-x$	−1	2	0	−1	−5	1	4	−3	5	−1	1	1	−1	5	−1	2	0	0	0
	4	5	3	2	6	6	5	7	4	4	5	6	6	3	5	6	4	3	5	5	7
	5	5	5	2	4	3	5	4	5	7	4	5	5	6	5	4	3	4	6	5	5
	1	0	2	0	−2	−3	0	−3	1	3	−1	−1	−1	3	0	−2	−1	1	1	0	−2

⇩

	$\bar{y}$	$\overline{y-x}$
$x > 5$ ($n=12$)	4.67	−1.67
$x < 5$ ($n=14$)	4.71	1.57

$r_{xy} = -.05$
$r_{x, y-x} = -.72$

図 1-13 「偶数が出ろ―」と念じながらサイコロを10回振ったときに偶数が出た回数を得点とするテスト（？）を40人の人に対して2回行なった結果

変数の測定に偶然の影響が多少なりとも関与していれば，その程度はともかくとして，どのような場合においても同様に生じるはずです。すなわち，父親の身長と息子の身長の場合で言えば，それらは，両者の間に正の相関関係を生じさせる原因となる（父親と息子が共通に有しているであろう遺伝情報や生活習慣などの）要因だけでなく，それぞれにとっての母親からの遺伝情報や，それぞれが子どもの時期にどのような食生活をしていたかとか，どのような運動をしていたかなどによっても規定されているものと考えられます（さらに，説明がつかない，偶然の影響とみなさざるを得ない面もあると思います）。そして，後者の，両者に正の相関関係を生じさせる原因となるもの以外の要因は，（この場合，完全に独立ではないでしょうが）父親の身長と息子の身長に対して独立に働くため，回帰効果が生じるのだと思います。また，サイコロ振りの事例のように，値が完全に偶然のみによって規定されているであろう場合には，その偶然の影響が各対象において各回独立に働くことに伴う回帰効果が顕著になるのに対して，x と y に正の相関関係を生じさせる要因の効果が大き

------

31) この場合，x と $y-x$ の相関係数が理論上いくらになるかについては，【練習問題1-9】の解答を参照してください。

く，偶然の関与が小さい場合には，回帰効果は弱まると考えられます。そして，このことは，先に記した「xとyの相関係数が小さいほど回帰効果が顕著になる（逆に言えば，xとyの相関係数が大きいほど，回帰直線と$y=x$のラインのずれが小さくなり，回帰効果は顕著ではなくなる）」ということに対応しているものと考えられます。

▶▶▶▶ 回帰効果について認識していないことの弊害

　同じ生徒たちを対象に，サイコロ振りの場合のように偶然のみで得点が左右されるものではない，通常のテストを2回実施したとします。このような場合も，1回目と2回目で，平均値および標準偏差があまり変わらなければ，たいてい，1回目の得点が平均値よりも高かった生徒は，1回目から2回目の変化量である「2回目の得点－1回目の得点」の値が全般に負の値になり，逆に，1回目の得点が平均値よりも低かった生徒は，変化量が全般に正の値になります。また，1回目の得点と変化量の相関係数は，負の値になります。さらに，1回目の平均値と2回目の平均値がかなり異なっていても，図1-12に示したように，2回目の標準偏差が1回目の標準偏差に比べてかなり大きな値になっていなければ，1回目の得点と変化量の相関係数は，やはり負の値になります。

　以上のような結果になる有力な原因は，回帰効果の介在だと考えられます。すなわち，各回のテストの得点は，それらのテストで高得点を取るために必要になる能力などの両者の間に正の相関関係を生じさせる要因だけでなく，択一形式の問題で適当に○を付けたらたまたま正解であったとか，いずれかのテストにおいてたまたま直前に目にした問題が出たといった，偶然によっても規定されると考えられます。そして，1回目に高得点だった生徒は，それらのテストで高得点を取るために必要になる能力が高いだけでなく，偶然の影響がプラス方向に働いた可能性も高く，後者の偶然の影響は，2回目においてはどう働くかはわかりません。また，1回目に低得点だった生徒は，それらのテストで高得点を取るために必要になる能力が低いだけでなく，偶然の影響がマイナス方向に働いた可能性も高く，後者の偶然の影響は，2回目においては，1回目

に高得点であった生徒の場合と同様に，どう働くかわかりません。そして，このような偶然の影響が各対象において各回独立に働く（もっと一般化して言うならば，xの値とyの値が，相互に無関連な要因によって規定されている）ことによって回帰効果が生じるのだと考えられます。

　しかし，回帰効果というものについて認識していないと，上記のような結果に関して，「1回目に得点が良かった生徒は，そのことに甘んじてしまって，2回目のテストのときに努力をしなくなったからではないか」とか「1回目に良くなかった生徒は，そのことに奮起して，2回目のときにはがんばったからではないか」などといった，1回目のテストの結果が各生徒の心理に及ぼす影響に注目した解釈のみをしてしまいかねません。もちろん，このような心理過程が介在している可能性はあり得ると考えられます。しかし，上記のような結果は単なる回帰効果の介在によっても説明がつくのであり，各生徒の心理に注目した解釈のみをすること（ないし，それが原因だと断定すること）は不当だと言えるでしょう。

　以上のようなことは，「デビュー1年目に活躍した人の成績が翌年に悪化する」という，2年目のジンクスと呼ばれる現象にも該当すると思います。「1年目に活躍した人の成績が翌年に悪化する」という現象の原因としては，「1年目に良い成績を出したことに伴う奢りや，マスコミの取材への対応が多忙であることなどにより，練習量が減ったからではないか」とか「1年目に，それまでとは異なるハードな1年を過ごすことによって，心身が疲弊したからではないか」とか「1年目に活躍したので，相手からすごく研究され，2年目には困難な事態が増えたからではないか」など，さまざまなことが考えられます。しかし，そうではなく，単なる回帰効果によっても2年目のジンクスと呼ばれる現象は生じると考えられます。ですから，やはり，上記のような解釈のみをすることは禁物だと思います。

　ちなみに，図1-14は，28人の大学生を対象に，同様の内容・形式のテストを2回実施した結果をまとめたものです。問題は，すべて国語に関わるもので，2回とも，二者択一形式の選択問題が8題と漢字の読み方を答えてもらう問題が8題の，計16題（16点満点）でした[32]。

　さて，ここでのポイントは，2回目のテストを（1回目の採点は後回しにし

1回目 (x)	12	11	12	10	6	8	11	8	10	9	9	11	10	7	15	11
2回目 (y)	13	13	11	13	7	10	10	10	12	8	7	9	8	8	13	12
$y-x$	1	2	-1	3	1	2	-1	2	2	-1	-2	-2	-2	1	-2	1

10	11	11	8	5	7	11	11	12	9	11	12
11	12	11	11	8	8	11	13	12	9	10	10
1	1	0	3	3	1	0	2	0	0	-1	-2

⇩

	$\bar{y}$	$\overline{y-x}$
$x \geq 11$ ($n=12$)	11.43	-0.14
$x \leq 9$ ($n=10$)	8.60	1.00

$r_{xy} = .68$
$r_{x, y-x} = -.50$

*この場合，測定値が偶然のみによって規定されるものではなく，かつ，同様の内容のテストであるため，x と y の間に $r=.68$ という正の相関関係が認められました。そして，そのため，表1-5の場合とは異なり，2回目のテストの得点の平均値である $\bar{y}$ は，1回目のテストの得点が高かったグループの方が大きくなっています。しかし，そうであっても，変化量の平均値である $\overline{y-x}$ は，1回目のテストの得点が高かったグループの方が小さくなっています（ただし，この場合，2回目のテストの方が平均値がやや高かったので，$\overline{y-x}$ の値は全体としては正になっています）。

図1-14 国語に関わる同様の内容・形式の16点満点のテストを28人の人に対して2回続けて行なった結果

て）1回目のテストの直後に実施した，ということです。ですから，先に記したような「1回目のテストの結果が各生徒の心理に及ぼす影響に注目した解釈」は，おそらくあてはまらないと考えられます。しかし，このような場合でも，「1回目の得点が平均値よりも高かった生徒は変化量が全般に負の値になり，1回目の得点が平均値よりも低かった生徒は変化量が全般に正の値になる」という現象，および，「1回目の得点と変化量の相関係数が負の値になる」という現象が生じています。

---

32) 具体的には，選択問題は，「確信犯という言葉の本来の意味として，正しいものを選んでください。A）悪いとわかっていながら犯罪を行なうこと，B）自分の信念に基づいて，正しいことだと信じて行なう犯罪のこと」といったものであり，漢字の読み方に関する問題は，「欠伸」，「時化」といったものでした。

■■■ちょっと余分な話4 ■■

北回帰線，南回帰線

　筆者は，授業において回帰直線や回帰効果の名称の由来について話をする際，受講生の人たちに，「みなさんは，小学校の高学年か中学生のときに，理科か社会の授業で回帰という言葉を習っているはずだ」と言います。そうすると，ほとんどの人が「そんなの覚えていない」というような反応をし，自発的に「北回帰線，南回帰線という言葉を習った」などと言ってくれる人は，ごく少数です。そこで，次に，ヒントとして，23.3という数字を提示します。そうすると，ようやく回帰線という言葉を思い出す人が出てきます。

　北回帰線というのは，北緯23.3°くらいのラインであり，北半球における夏至の日に太陽の南中高度が90°になる（すなわち，正午に太陽が真上に位置することになる）ところです。また，南回帰線というのは，南緯23.3°くらいのラインであり，北半球における冬至の日に太陽の南中高度が90°になるところです。そして，太陽の南中高度が90°になるところは北回帰線よりも北にはならず，夏至の日を境に，（一種の平均値と言えるであろう）真ん中である赤道の方に戻っていきます。また，同様に，太陽の南中高度が90°になるところは南回帰線よりも南にはならず，冬至の日を境に，赤道の方に戻っていきます。そして，このような「真ん中に後戻りをする」際の境になるラインであることから，回帰線と呼ばれているのだと思います。ですから，当然のことながら，回帰線という言葉と回帰直線という言葉には，共通の意味が含意されているのです。

　筆者もそうでしたが，おそらく多くの人は，回帰線という言葉が上記のような意味をもつものだとして認識していないのではないでしょうか。言い換えれば，回帰という言葉がもともとどういう意味であり，なぜ緯度が23.3°のラインにそのような意味をもつ言葉が使われているかについて，あらたまって考えてみたことがある人は少ないのではないでしょうか。そして，このようなことを理解せずに，なんとなく言葉を丸暗記させられて（？）きたため，多くの人は，最初に記した私の問いに答えられないのではないでしょうか。

　回帰直線や回帰効果という言葉についても，回帰線という言葉の意味を先にきちんと学んでおり，それと関連づけて理解すれば，きっと理解が促進され，定着もなされやすくなるように思います。お節介かもしれませんが，筆者は，読者のみなさんに，以上のようなことを意識した学習をしてほしいと願っています。

1章　練習問題

各練習問題の前に付けてある記号の意味については，『添付冊子』の25ページの脚注13)の最後をご覧ください。

○【練習問題1-1】 x を説明変数，y を基準変数とする単回帰分析に関する以下の①～⑱の文章のア～ゴの（　）内に適切な語句や数字や記号などを補充してください。

① 回帰係数は，x の値が（ア）異なっていることが，y においては値がいくら異なっていることに対応しているか，を表わしている。
② 回帰係数は（イ）効果量で，相関係数は（ウ）効果量である。
③ 回帰係数は，（エ）と「（オ）の標準偏差の（カ）の標準偏差に対する比」の積である。したがって，（オ）の標準偏差と（カ）の標準偏差が等しければ，（キ）と（ク）は一致する。
④ 回帰直線は，必ず（ケ）を通る。
⑤ 予測の誤差の平均値は（コ）である。したがって，予測の誤差の散らばりが小さいことは，（サ）が全般に小さいことを意味している。
⑥ x と $\hat{y}$ の相関係数の絶対値は（シ）になる。したがって，$\hat{y}$ は，x によって完全に（ス）できる変数であることになる。
⑦ y と $\hat{y}$ の相関係数は（セ）と等しい。
⑧ x と $y-\hat{y}$ の相関係数は（ソ）である。したがって，$y-\hat{y}$ は，x によってまったく（タ）できない変数であることになる。
⑨ $\hat{y}$ と $y-\hat{y}$ の相関係数は（チ）である。
⑩ y の観測値は，y の（ツ）と（テ）に（ト）して表わすことができる。
⑪ ⑨・⑩であるため，$s_y^2 =$（ナ 〔記号で〕）$+$（ニ 〔記号で〕）となる。これは，予測される変数である y についての観測値の分散が，（ヌ 〔言葉で〕）と（ネ 〔言葉で〕）に過不足なく（ノ）ことを意味している。また，（ナ）と（ニ）の比を x と y の相関係数（r_{xy}）

を使って表わすと，(ハ)：(ヒ)となる。

⑫ r_{xy}^2は，(フ)の(ヘ)に対する比であり，(ホ)ないし(マ)と呼ばれている。

⑬ r_{xy}^2は，xの値からyの値を予測する文脈においては，(ミ)についての情報を利用したときの，それがないときに比べた(ム)の(メ)を表わしており，予測の(モ)の高まりを示しているとも言えるものである。

⑭ $s_{y-\hat{y}}$は，(ヤ)と呼ばれる。$s_{y-\hat{y}}$は，r_{xy}を使って表わすと，s_yの(ユ)倍であり，r_{xy}の絶対値が(ヨ)であるとき，s_yの$\frac{1}{2}$になる。

⑮ yと$y-\hat{y}$の相関係数をr_{xy}を使って表わすと，(ラ)となる。

⑯ 予測の誤差は，(リ)変数の値がすべての対象において(ル)であったと仮定した場合の各対象の(レ)変数の値を(ロ)に基づいて算出した値と同じ意味をもつものである。

⑰ xとyの間に直線的な関係が存在する場合，(ワ)は説明変数の値による切断効果の影響を受けるが，(ヲ)は受けない。

⑱ $s_x = s_y$，$\bar{x} = \bar{y}$，$0 < r_{xy} < 1$であるとき，$y-x$は，$x > \bar{x}$の範囲では全般に(ン)の値になり，$x < \bar{x}$の範囲では全般に(ガ)の値になる。また，$\bar{x} = \bar{y}$でなくても$s_x = s_y$であれば，xと$y-x$の相関係数は(ギ)の値になる。以上のような現象を(グ)という。(グ)は，xの値が(ゲ)ほど，また，(ゴ)の値が小さいほど，顕著になる。

【練習問題 1-2】 次のA～Gのデータに関して，xを説明変数，yを基準変数とする単回帰分析を行なった結果について，下の①～⑧の問いに解答してください。

A) x 1 2 3 4 5　　B) x 1 2 3 4 5　　C) x 1 2 3 4 5
　　y 3 5 7 9 11　　　y 5 3 1 3 5　　　y 4 2 6 10 8

D) x 1 2 3 4 5　　E) x 2 4 6 8 10　　F) x 1 2 3 4 5
　　y 4 3 5 7 6　　　y 2 1 3 5 4　　　y 2 1 3 5 4

G) x 1 2 3 4 5
　　y 4 1 2 3 5

① データAにおけるxとyの相関係数と回帰係数の値は，それぞれ，いくらになるでしょうか。

② データBにおけるxとyの相関係数と回帰係数の値は，それぞれ，いくらになるでしょうか。

③ データC～Fのxとyの相関係数の大小関係について推論し，(　)内にはC

～Fの記号を，【　】内には"＞"か"＝"の記号を記入してください。
　（　）【　】（　）【　】（　）【　】（　）

④　データC～Fの回帰係数の大小関係について推論し，（　）内にはC～Fの記号を，【　】内には"＞"か"＝"の記号を記入してください。
　（　）【　】（　）【　】（　）【　】（　）

⑤　データFでは，相関係数と回帰係数の比は，いくらになるでしょうか。最も小さな整数比で表わしてください。

⑥　データCでは，相関係数と回帰係数の比は，いくらになるでしょうか。最も小さな整数比で表わしてください。

⑦　データCにおける回帰係数とデータEにおける回帰係数の比は，いくらになるでしょうか。最も小さな整数比で表わしてください。

⑧　データFにおける回帰係数とデータGにおける回帰係数の大小関係は，どうなるでしょうか。

▶【練習問題1-3】　$r_{xy} = .6$ であるとき，xを説明変数，yを基準変数とする単回帰分析における「予測の誤差の標準偏差（予測の標準誤差）」と「yの観測値の標準偏差」の比は，いくらになるでしょうか。最も小さな整数比で表わしてください。

▶【練習問題1-4】　$\hat{y}=a+bx$ という回帰式のもとに最小2乗法による予測を行なう際の，予測値（$\hat{y}$）のベクトルと予測の誤差（$y-\hat{y}$）のベクトルを，次の図において示してください。

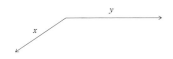

◉【練習問題1-5】　次のデータに関して，xを説明変数，yを基準変数とする単回帰分析を行なうと，後の①～⑭の値は，いくらになるか，推論してください。ただし，xの標準偏差は$\sqrt{2}$で，xとyの相関係数は .6です（答えが無理数であるときは，$\sqrt{}$を使って解答してください）。

　　x　　3　4　5　6　7
　　y　　6　4　2　8　10

① yの分散
② 回帰係数
③ 切片
④ $x=5$，$y=2$の対象におけるyの予測値
⑤ yの予測値の平均値
⑥ $x=3$，$y=6$の対象における予測の誤差
⑦ 予測の誤差の平均値
⑧ yと予測値の相関係数
⑨ xと予測の誤差の相関係数
⑩ 予測値と予測の誤差の相関係数
⑪ yと予測の誤差の相関係数
⑫ 予測値の分散
⑬ 予測の誤差の分散（誤差分散）
⑭ 予測の標準誤差

►【練習問題 1-6】 次のデータに関して，下の①～③の問いに解答してください。

x　1 1 3 3 5 5 7 7 9 9
y　1 3 2 4 3 5 4 6 5 7

① xを説明変数，yを基準変数とする単回帰分析を行なうと，回帰係数と切片の値は，いくらになるでしょうか。それぞれの計算式を用いて値を求めることをせずに推論してください。
② この場合，(①の単回帰分析における) 回帰係数の値と (xとyの) 相関係数の値の大小関係は，どうなるでしょうか。
③ xの値が7以上である4つのデータを除外して分析すると，回帰係数の値と相関係数の値は，除外しないときの値に比べて，それぞれ，どうなるでしょうか。

►【練習問題 1-7】 xを説明変数，yを基準変数とする単回帰分析に関する後の①～⑤の問いに解答してください。なお，xとyの相関係数は .5 です。

x	1	2	3	4	5
y	11	7	3	19	15
$\hat{y}$					
$y-\hat{y}$					
y'					

① 回帰係数と切片は，いくらになるでしょうか。
② 各対象の予測値（$\hat{y}$），予測の誤差（$y-\hat{y}$），（どの対象も）xの値が5であったと仮定したときのyの値（y'）を，それぞれ求めてください。
③ xの標準偏差の値をcとして，次のそれぞれの値をcの式で表わしてください。
　ア）yの分散　イ）予測値の分散　ウ）予測の標準誤差
④ y'と予測の誤差の相関係数は，いくらになるでしょうか。
⑤ ④から，予測の誤差（残差）は，どのようなことを意味する変数だと言えるでしょうか。

○【練習問題1-8】 以下のデータにおけるxとyの相関係数は.5です。これを参考にして，「$y-x$」と「xを説明変数，yを基準変数とする単回帰分析における予測の誤差（$y-\hat{y}$）」が同じ意味をもつことになる（他の変数との関係などが，いずれを用いても同じになる）データの例を考えてください。また，解答したデータにおける回帰係数の値は，いくらになるでしょうか。

　x　1 2 3 4 5
　y　3 2 1 5 4

▶【練習問題1-9】 45〜47ページの「回帰効果が生じる原因」の項で提示したサイコロ振りの例では，xと$y-x$の相関係数は，理論上，いくらになるでしょうか。

▶【練習問題1-10】 以下のような研究の結果の解釈に関して論理的に批判してください。

〔目的〕
「変数yの介入前の値によって介入xの効果に差があると言えるか」について検討する。
〔方法〕
ある対象たちにyについての測定を行なった後に，介入xを実施し，その後，再びyについての測定を行なった。そして，介入前のyの値に基づいて全体を高群，中群，低群の3群に分けて，これらの群間での変化量（介入後のyの値－介入前のyの値）の差について検討するために対応がない場合の1要因の分散分析を行なったところ，有意な効果が認められた。さらに，多重比較の結果，すべての群間に有意

な差が認められ，変化量の平均値は「低群＞中群＞高群」となっていた。
〔解釈〕
介入 x の効果は介入前に y の値が相対的に低かった対象ほど顕著になると言える。

＊データ数・結果の一般化可能性の問題，次章で取り上げる測定の妥当性に関わる問題，多重比較の方法に関する問題，効果量の信頼区間に基づいた解釈を行なっていない問題は不問とします。

2章 測定の妥当性

測定の妥当性とは

　測定の妥当性（validity of measurement）とは，「測定値が，測定しようとしている変数を的確に反映している程度」と言えるものです（「的確に反映している」ということの詳しい意味については後述します）。「測定値が測定しようとしている当該の変数のみを反映したものであるという前提のもとに結果の解釈を行なうことに問題がない程度」または「上記の前提に反する他の解釈が成立する可能性が低い程度」とも言えます。測定値がとらえようとした事柄を的確に反映しておらず，とらえようとしたもの以外の要因によって大きく汚染ないし攪乱されているならば，いかに洗練された統計的分析を行なっても，確かな知見は得られないでしょう（測定の妥当性に大きな問題があると研究の結果がどのように歪む可能性があるかについても後述します）。

　ただし，以上の定義は，現在一般的に了解されているであろうものですが，絶対的なものではないと思います。なぜならば，妥当性の概念は変遷していて，近年では「妥当性の問題は，使用した結果生じる社会的影響までも踏まえて議論されるべきである」といった主張もなされているようです（村山，2012参照）。また，後述する「妥当性の検証をどのように行なうべきか」ということに関しても，妥当性の定義の変遷に応じて，アメリカ心理学会などによる一

般的な見解が変遷しています。

　なお，ただ「妥当性」ではなく，「測定の妥当性」と限定的に記述したのは，内的妥当性や外的妥当性，生態学的妥当性など，妥当性という言葉が当てはまる，測定とは別の面での問題（ないし，測定の問題に限定されない問題）が存在するからです。

　ちなみに，**内的妥当性**（internal validity）とは，「見いだされた結果が想定されている因果関係のみに基づいて解釈できる程度」と言える概念です。独立変数となんらかの剰余変数が交絡していると，従属変数の値が独立変数の条件間で異なっていても，「それは，交絡している剰余変数の効果によるものかもしれない」というような，「当該の独立変数の影響によるものである」ということ以外の因果解釈が成立してしまいますが，このような事態が「内的妥当性に問題がある」ことになる典型的なものです。また，**外的妥当性**（external validity）は，「研究の結果が検討対象全体の傾向に沿った偏りや歪みのない一般的なものであると主張できる程度」である**一般化可能性**（generalizability）と同じ意味で使われている概念です。さらに，**生態学的妥当性**（ecological validity）は，「研究結果の現実へのあてはまりの良さ」と言える概念です。なお，内的妥当性と外的妥当性は，実験的研究に関して論じられることが多いようです。

尺度とは

　尺度（scale）とは，その1つである（長さを測るための）物差しがそうであるように，なんらかの測定を行なうための道具です。「各測定対象に対して，測定しようとしている変数に関する状態の違いに応じた数値を割り当てるための規則（ないし，その際の一定の手続き）である」とも言えます。学力テストも，学ぶ力ないし学んだことの質や程度を把握するための道具なのですから，なんとなく違和感を感じるかもしれませんが，尺度だと言えるでしょう。また，心理学の研究においては，なんらかの質問に対する回答を通して，種々の心理的特性（の個人差）や心理状態（の状況による違い）などをとらえよう

とすることが多々あります。そこでは，多くの場合，「私は，〜である」とか「私は，○○のとき，〜のように行動する」とか「〜と思う」いうような質問項目が，「非常にあてはまる」，「わりとあてはまる」，「少しあてはまる」，「ほとんどあてはまらない」，「まったくあてはまらない」などといった選択肢とともに，複数提示されます。そして，いずれかの選択肢に○を付けるという反応に関して，「非常にあてはまるに○を付けた場合には4」，「わりとあてはまるに○を付けた場合には3」，…，といった数値化を項目ごとに行ない，すべての項目の総和や平均値を測定値とする，というようなことを行ないます。このような，質問項目，選択肢，回答を求める際の教示，各項目における数値化およびその集計の手続きなどのセットも上記の尺度の定義に沿うものですから尺度であることになり，このような尺度は，我が国では，一般に，**質問紙尺度**と呼ばれています。

　なお，なんらかの質問紙尺度を用いた測定を行なったときに，「○○尺度を実施した」といった記述がなされているのを見かけることがありますが，尺度は道具の一種であることを踏まえるならば，「道具を実施した」という表現は適切ではないと思います（「○○尺度を用いて測定を行なった」とか「〜という変数の測定に関しては，○○尺度を用いた」などと記述すべきだと思います）。また，同様にある質問紙尺度を用いた測定を行なったときに，尺度名を示さずに，ただ「尺度によって測定を行なった」といった表現がなされているのを見かけることもあります。これは，おそらく，その領域では質問紙尺度による測定が蔓延って（？）いるために，「尺度＝質問紙尺度」というとらえ方をしてしまっていることによるのではないかと推察されます。しかし，もちろん質問紙尺度だけが（測定をするための道具である）尺度ではないのですから，不適切な表現であることになると思います。言葉尻をとらえた些細なことについての指摘かもしれませんが，同様の表現に遭遇することがままあるので，あえて記させてもらいました。

　それから，測定の妥当性について検討するということは，その測定の道具が測定しようとしている変数を的確に反映した測定値を生じさせる良質なものであるかを問題にしていることでもあることから，「尺度の妥当性について検討している」と言い換えることもできると思います。

心理学的研究における測定の妥当性の重要性

　物差しや巻き尺というものは，2点間の距離である長さという変数について測定するためのものであり，それを使って得られた測定値が各対象の長さの違いを反映したものであることには疑問の余地がないと思います。また，ストップウォッチを使うことによって得られる測定値に関しても，測定しようとしている変数である（ある2時点間の）時間の長さの違いを反映したものであることには疑問の余地がないでしょう。このように，物理的特性の測定に関しては，通常，測定しようとしている変数とそれを測定するための尺度が的確に対応していることが了解可能であり，「それらの尺度は，測定しようとしている変数を直接的にとらえている」と言えるものだと考えられます[1]。

　これに対して，心理学的研究において，本来，測定しようとしている変数は，通常，直接観測することができない，性格や能力，感情，欲求，意思，認知活動などに関わるなんらかの心理的なものです。これらは，人の心ないし心が関連しているであろう行動を説明するために（理論的に）考え出された抽象的なものであり，一般に，（心理的）**構成概念**（psychological construct）とか**理論的構成概念**（theoretical construct）などと呼ばれています。

　構成概念は，以上のような抽象的なものであるがゆえに，（それが反映していると考えられる）直接観測できる事象を通して間接的に推定するしかないものです。しかし，後で具体的に述べるように，（通常は参加者の反応である）直接観測された事象が測定しようとしている構成概念を的確に反映しているかどうかに関しては，定かではない（というよりも，危うい）面が多分にあります。すなわち，まず基本的ないし根本的なこととして，構成概念の出自から考えると，当該の構成概念の程度と直接観測される変数の値の大きさの間に想定

---

[1] ただし，物理的特性の測定においても，「妥当性が低いことがもたらす問題事象」の項で例示するように，後述する偶然誤差および系統誤差がまったく介在しないわけではないので，「測定値が測定しようとしている当該の変数のみを反映したものになっている」という前提は完全には満たされていません。ですから，測定の妥当性ということがまったく問題にならないわけではなく，この項で論じていることは，基本的には程度問題です。

されている対応関係は，あくまで理論上のものでしかありません。ですから，本当は，そのような対応関係は（確実には）成立していないのかもしれません（特に，「想定されているような一定の関係がどのような対象や状況においても成立するか」というようなことまでを考えたら，危うい面が多分にあるように思われます）。また，人間の反応（行動）は，さまざまな要因によって規定されているでしょうから，観測された事象は，とらえようとしている構成概念だけを反映したものではないと考えられます（これらのことに関するもう少し具体的なことについても後述します）。

　以上のように考えると，「測定しようとしている変数が構成概念であることが一般的である心理学的研究においては，測定値が測定しようとしている変数を的確に反映している程度である測定の妥当性ということが極めて重要な問題になる」と言えるでしょう。

■■■ちょっと余分な話5

日常言語を安易にそのまま借用することの是非

　当然のことながら，外向性，不安，嫉妬，自尊心など，心理的特性や心理状態を表わす言葉（すなわち，心の様態に関する概念）は，日常語にも多々存在しています。これらも，「理論的に」と言えるような過程ではないとしても，人の心ないし心が関連しているであろう行動を説明するために考え出されたものでしょう。そして，これらの概念が，長い間使われ，定着してきたことは，それらが人の心ないし心が関連しているであろう行動を説明する上で有用なものであることの証であるのかもしれません。しかし，心理学的研究を行なう際のキー概念に関して，日常言語を安易にそのまま借用してしまったら，心のしくみについて探求する専門家としての存在意義を損なうことになるようにも思われます。そして，実際，そのようなことをしてしまっていると感じる研究に遭遇することが多々あります。筆者は，（自身がそのようなことをやってきたかどうかは棚の上に置かせてもらうとして）人の心のしくみ，ないし，心が関連していると考えられる種々の行動を高い論理的整合性をもって説明するための一般性が高い概念を創造することが心理学的研究の重要な目的の1つだと思っています。このようなことも踏まえながら研究活動を行なってほしいと思います。

構成概念の性質

　唐突ですが,「駅とは」と問われたら, あなたは, どのように答えますか。しばし考えてみてください。

　この質問を実際にしてみると, 多くの人は,「電車が発着する所」とか「電車が止まって, 人が乗り降りをする所」などと答えます。もちろん, これらの回答は, 的外れだと言えるようなものではないでしょう。しかし, 日本には, この20年くらいの間に, 自動車での移動中に立ち寄るところである「道の駅」というものがたくさんできました。また, 日本には鎌倉時代から「宿駅」と呼ばれるものがあったそうですが, 明治時代になるまでは日本に鉄道はありませんでした。ですから, 駅の定義に関する上記のような回答は正確ではないことに（も）なります（最近は, 海の駅やバスの駅といったものも見かけます）。

　次に,「豚とは」とか「机とは」とか「酒とは」とか「生物とは」といったことについて考えてみてください。直接見たり触ったり飲み食いしたりしていて知っているはずのものであるにもかかわらず, いざ定義をするとなると, おそらく, 多くの人が困ってしまうのではないでしょうか。それに, 世の中には, 猪豚というような, 猪と豚を交配してできた, 豚というカテゴリー（概念）に含めるべきかどうか迷ってしまう動物も存在しますし, 机と言えるかどうか定かではない物体も存在します。また, 酒という言葉は, 日本酒のみを指すこともありますし, アルコール飲料の総称としても使われています。さらに, 福岡（2007）によれば,「生物と無生物の一線は何か」ということは専門家が今なお探求を続けている深遠な問いであり, 明確な解答が得られていることではないようです。

　話が長くなってしまいましたが, 以上で言いたかったことは,「具体物でさえ明確ないし一義的に定義することは困難であり, ましてや, 抽象的な構成概念について明確かつ一義的に定義することは非常に困難であろう」ということです。

　たとえば,「やさしい（人）とは（どのようなときに, どのようなことをす

る人か)」ということについて考えてみてください。このような，就学前の子どもでも使うような言葉でさえ，考えたことを他者と比べてみれば，十人十色と言えるであろう面が大きいことがわかると思います。また，ある人が「やさしい」という言葉に込める意味は，その人がどのような人とどのような相互作用をし，それによってどのような感情を抱いたか，などといったことによって変容するでしょう。さらに，そもそも，私たちは，自分が「やさしい」という言葉をどのような意味を込めて使っているかに関して，多分に無自覚であるように思います。そして，もっと抽象度が高いであろう「幸せ」とか「適応」といったことに関しては，以上のような，定義ないし意味づけの個人間の多様性，個人内での変動性ないし揺らぎ，自身の考えに対する無自覚性がより顕著になっているものと考えられます[2]。

次に，またまた唐突（かつ，ぶっそう）ですが，「AさんがBさんを殴る」，「AさんがBさんに物を投げつける」，「AさんがBさんに（面と向かって）悪口を言う」という3つの行動から，それらの背後にあるであろうAさんのBさんに対する態度や感情を推測し，それを1つの言葉で表わしてください。

このように，種々の事柄に共通するであろう（本質的だと考えられる）特性を取り出して（すなわち，抽象して），そ（れら）の特性を言語化したもの（または，それらの特性を有しているものに付与された言葉）が，一般に「概念」と呼ばれているものだと思います。そして，ある概念が適用される事柄の範囲を，哲学では外延と呼んでいるそうです。そこで，これらの言葉を使って上記の問いを言い換えると，「AさんがBさんを殴る」，「AさんがBさんに物を投げつける」，「AさんがBさんに悪口を言う」という3つの行動を外延とする概念を推測ないし構成せよ，ということになると思います。

さて，概念と外延の関係は，明確ないし絶対的でしょうか。もちろん，そうでない面が多分にあると思います。その証拠に，上記の3つの行動から思い浮かぶ概念は，人によって異なるとともに，どれが正解であるかは定かではないと思います。具体的には，「敵意」という概念を思い浮かべる人もいるでしょ

---

[2] 測定の妥当性というものも構成概念の一種だと言えるでしょうから，「測定の妥当性とは」の項の第2段落に記したような曖昧な面があっても不思議ではないと思います。

うし，「攻撃性」とか「暴力的」という概念を思い浮かべる人もいると思います（日常語ではないものも含む，他の概念を思い浮かべる人もいるかもしれません）。そして，これらの中のどれが最も妥当であるかは定かではないでしょう。また，「AさんがBさんを無視する」という行動が加わると，「攻撃性」や「暴力的」という概念よりも「敵意」という概念の方がフィットする程度が高まるように，筆者には感じられます。さらに，「殴る」，「物を投げつける」，「悪口を言う」という行動がいずれもBさんに大きなダメージを与えるものではない，悪ふざけ的なものであり，かつ，「Bさんが危機に面しているときには，AさんはBさんを助ける」とか「Bさんがいないところでは，AさんはBさんの悪口を言わない」とか「Aさんは，他の人がBさんの悪口を言っているのを耳にすると怒る」というような行動が加わっていれば，「屈折した（？）愛情」などといった解釈が可能かもしれません。それから，先の「やさしい人とは」の場合と同様に，「敵意」や「攻撃性」という言葉から連想される（すなわち，これらの概念の外延だと考えられる）具体的な行動を列挙するよう求めると，その回答も人によってかなり異なるのではないかと考えられます。

　以上，不勉強な事柄であるにもかかわらず，たらたらと例示してきましたが，言いたかったことは，「まずは，構成概念というものは多分に微妙で曖昧なものである，ということを明確に認識しておく必要がある」ということです。そして，そうであるからこそ，心理学的研究においては，自身がとらえようとしているものの内容について省察をした上で，それを的確に表わすと考えられる概念（名）について熟考することや，その概念についての自身の定義を明示することが非常に重要になるということも，言うまでもないことでしょうが，強調しておきたいと思います（構成概念について定義をする際の留意点に関しても後述します）。

　それでは，ここからは，構成概念の性質ということに関わる以上とは別のことについて説明します。それは，「構成概念は，通常，ある程度の幅をもっている（と考えられているものである）」ということであり，もう少し具体的に言うと，「個々の構成概念は，通常，完全には（ないし，強くは）関係していない複数（ないし，種々）の要素から構成されている（と考えられている）」ということです。

たとえば,「(1人ひとりの子どもの他の子どもとの)人間関係の問題性」という抽象度が高いであろう概念を想定することになったとします。しかし,一言で人間関係の問題性といっても,「他の子に批判や反対意見を言われると,すぐ怒る」とか「嫌なことがあると,周りの子にあたる」とか「周りの子に暴力を振るう」とか「勉強や運動ができない子をばかにする」とか「他の子に嘘をつく」などといった,反社会性とか進攻性と概念化されるであろうものと,「休み時間,1人で過ごしている」とか「自分から周りの子を遊びに誘うことをしない」とか「周りの子に対して自分の考えを主張しない」とか「他の子の言いなりになっている」とか「他の子に批判をされると,すごく落胆する」などといった,非社会性とか内攻性と概念化されるであろうものには,異なる面があると考えられます。そして,そのため,前者に属するであろう行動をする傾向と後者に属するであろう行動をする傾向の間の相関は,あまり強くはないと考えられます。また,前者の中でも,1つひとつの行動には独自の成分が関与している面があり,各々の行動をする傾向の間の相関は,非常に強いと言えるようなものではないかもしれません。それから,後者に関しては,最初の2項目のような,孤立ないし孤独傾向などと概念化されるであろうものと,残りの3項目のような,非主張性などと概念化されるであろうものに分けられるでしょうし,それぞれの中でも,各項目は(程度はともかく)異なる面を有しているものと考えられます。さらに,「仲良しの友だちが他の子と遊んでいると,機嫌が悪くなる」とか「休み時間や放課後,特定の子とだけ接している」といった,排他性などと概念化されるであろうものには,これまでに記したものとは異なる面があるように思われます。

　それから,青野(1995)では,達成動機という構成概念が,「障害を克服し,卓越した基準を設定し,できるだけ独力で自己の力を発揮してその基準に到達しようとする動機」と定義されています。そして,達成動機の高い人の特徴として,①中位の困難度の課題を選び持続性がある,②結果のフィードバックを求める,③失敗の原因を努力不足と考える,④仕事仲間として親しい人より有能な人を選ぶ,といったことが挙げられていますが,これらの諸特徴の間の関係も,それほど強くはないかもしれません。

　以上に例示したような,「構成概念は,通常,ある程度の幅をもっている」

ということ，言い換えれば，「構成概念は，共通な成分を有しながらも，個々が独自の成分も有している，種々の要素から構成されている複合体である」ということは，測定の妥当性の問題について考える上でしっかり認識しておくべき重要な事柄です（ただし，どのような構成概念であるかによって，幅の広さないし多義性が異なるものと考えられます）。

■■■ちょっと余分な話6 ııı■

因子分析や共分散構造分析における潜在変数を
構成概念と同一視することの是非

　本シリーズでは因子分析および（因子分析を包括するものである）共分散構造分析というものについては取り上げないにもかかわらず，このような分析法を適用する際の難しげな話になってしまいますが，理論的に重要なことだと思うので，あえて取り上げてみます（ただし，因子分析については，127～130ページで簡単な説明をしています）。
　村山（2012）は，「因子分析や共分散構造分析などにおける潜在変数（ないし，因子）は，各測定項目に共通する成分（のみ）を抽出したものであり，個々の項目の独自性は潜在変数から除外されるものであるのに対して，構成概念は，本来，異なる成分を有するものから成る，多義的で幅をもったものであり，各項目の独自性が除外されるべきものではない」と（要約されるであろうことを）論じています。一方，因子分析や共分散構造分析を適用しているほとんどの研究では，このようなことを踏まえずに，潜在変数と構成概念を同一視しているものと推察されます。
　確かに，因子分析や共分散構造分析では，潜在変数というものに関して，各項目が有する独自の成分（および，誤差）を除外した，（因子分析や共分散構造分析においては観測変数と呼ばれる）複数の項目に共通する単一の成分だという想定がなされています。そして，このような想定と，先に記した「構成概念は，通常，完全には（ないし，強くは）関係していない複数（ないし，種々）の要素から構成されている，ある程度の幅を有しているものである」という考え方の間には齟齬があると思います。ですから，村山（2012）の指摘は，多分に的を射たものだと考えられます。
　しかし，一方で，概念というものは，本来，それよりも具体的だと考えられる複数の事柄に共通する（本質的だと考えられる）特性を抽象したものであるということを踏まえるならば，そもそも，「構成概念は，個々が有する独自の成分も含む，多義的で幅をもったもので

ある」という考え方が適切ではないのかもしれないとも思えます。そして，そうであるならば，各項目の得点を単純に合計ないし平均した得点を当該の構成概念に関する測定値（ないし，推定値）だとする，質問紙尺度を用いた測定などにおいて一般に行なわれている手続きは，それでは各項目が有する独自の成分も含まれてしまうので，理論上，妥当ではないことになると考えられます（ただし，実際には，因子得点ないし潜在変数に関する値だと考えられる値を推定して分析しても，通常，結果はあまり変わらないと思います）。

　で，結局のところ，少なくとも現時点では，筆者は，明確な考えをもてないでいます。先に，「構成概念は，通常，ある程度の幅をもっている」ということを記す際に，「（と考えられているものである）」ということを付記しましたが，それは，このように，「幅をもっている」と言い切っていいか確信がもてないからです。非常に曖昧な記述であり，読者のみなさんを困惑させることになってしまっているのではないかと懸念されますが，各自でじっくり考えたり，他者と議論をしたりしてもらえればと思います[3]。

　なお，以下では，「構成概念は，多義的で幅をもったものである」という，測定の妥当性について論じる際に一般に前提とされている考え方に基づいて話を進めていきます。

■■■ちょっと余分な話 7

そもそも測定が可能であるためには

　研究法に関して，量的研究と質的研究という分類をすることがあります。前者は，統計的研究とも呼ばれるものであり，この種の研究では，とらえる者や対象となる人や状況によって意味が異ならない，量的には変化するが質的には安定している（したがって，定義し，客観的にとらえることが可能だと考えられる）心理的特性や心理状態が存在していることをトップダウン的に想定し，それらを変数として，操作をしたり測定をしたりしています。すなわち，測定という行為は，このような「どのような場合にも一定の意味づけが可能である変数の存在」ということを前提に成立しているものだと考えられます。

　これに対して，質的研究（と呼ばれる研究）では，一般に，「心理的特性や心理状態は，本来，一定の量化が可能なものではなく，その意味は多様で不安定で錯綜していて，時間の

---
[3] 言い訳がましいかもしれませんが，村山（2012）を読む限り，村山氏も，以上の問題については，「こう考えて，このように研究を進めたらいい」ということを明確に述べることに困難を感じているように推察されます（この失礼な推察が的外れではなかったことを，ご本人からお聞きしています）。

流れや状況によって変化する」という認識のもとに，通常，現実の生活場面で得られた生の言語（や映像や音声）データを分析対象として，観察された事象を変数に還元することなく，その意味を文脈や時間的流れから切り離さずに丸ごととらえようとします。そして，このようなことを繰り返す中で，心理的特性や心理状態のダイナミックな有り様をも説明できる，人間の心のメカニズムについての深みのある理論や分析概念をボトムアップ的に生成しようとします[4]。

筆者は，基本的には，「いずれかの方が正しいとか，人間の心というものについての認識を進展させていく上で有用である」などと断定できるものではないと考えていますが，究極的に考えていったら，質的研究の認識論の方に軍配が上がるのではないかと思っています。そして，量的研究というものは，種々のことを捨象した上で行なわれているのであり，かつ，元来，そうせざるを得ないものだと考えています。ですから，量的研究を行なう際には，上記のような質的研究における認識論を踏まえて，自身が検討の対象としている構成概念について問い直してみる必要があると思っています。

なお，筆者は物理学に関しては極めて浅学ですが，ニュートン物理学ではなく，アインシュタインの相対性理論に基づくならば，観測者が光と同程度の速度で移動していたり，非常に強い重力場に置かれているような場合には，時間や距離といった物理的な概念も不変ではないことになるそうです（佐々木・大栗，2016，高橋，2008 など参照）。ということは，「ましてや心理的変数に関しては」と言えるのではないでしょうか。

構成概念について定義する際の留意点

広辞苑を参考にして，猫というものについて定義をするならば，「体がしなやかで，鞘に引き込むことができる爪，ざらざらした舌，鋭い感覚のひげ，足裏の肉球などを有する，小形の哺乳類」などと記述されることになると思います。このように，概念について定義をする際には，通常，哲学において内包と呼ばれる，その概念が該当する（すなわち，その概念の外延である）と考えら

---

[4] 量的研究と質的研究の違いについては種々のことが論じられていて，それらの中の何が最も根本的な点であるのかについては必ずしも明確ではないように思われますが，主に無藤（2004）とやまだ（2004）を参考にして筆者なりに整理するならば，上記のような認識論ないし人間観に関わることが両者の基本的相違点だと考えられます。ただし，量的研究も質的研究も画一的なものではなく，理念的な事柄に関しても，具体的な研究の方法に関しても，それぞれの中には多種多様なものが存在していると思います。

れる事柄に共通する（諸）特性を記述する，ということが行なわれます。そして，確かに，このような記述をすることは，一般に，基本的かつ必要なことだと思います[5]。

　しかし，平井（2006）が論じているように，多義的で曖昧さを多分に有している構成概念について定義をする際には，以上のような内包に関する記述だけではなく，外延に関する研究者自身の考えをできる限り明示することが大切になってくると思います。より具体的に言うならば，まず，その概念が該当すると考える事柄と，そうでないものの区別（すなわち，その概念の適用範囲に含めるものと含めないものの線引き）を示すこと（特に，関連すると考えられるけれども，含めないと判断した事柄についても言及すること）が大切だと思います。また，その上で，含めるものの中での線引き（すなわち，その構成概念は下位領域が存在するものであると考えられるかや，下位領域が存在するとするならば，どのような下位領域から構成されていると考えられるかといったこと）とその構成概念全体の中での各下位領域の重要性や下位領域間の関係について考え，そのようなことについて記述することも大切だと思います。なぜならば，まず第一に，各研究者がこのようなことについての記述をせずに，内包に関する記述だけをしていると，「当該の構成概念に対する意味づけが研究者間で食い違っていても，それが認識されにくい」という問題が生じると考えられるからです。また，「以上のような"外延に関する考えを明確にする"ということをしておかないと，実際に測定に用いる項目の取捨選択・決定が恣意的になりやすい」ということも，理由の1つです。さらに，「測定項目の内容が測定しようとしている構成概念の内容と的確に対応しているか」ということについて当該の構成概念に関わることに関する専門家や当事者などに吟味してもらうことによってなされるものである**内容（的）妥当性**（content validity）に関する検討に際して，以下の2つの観点に関する判断が困難になることも，上

---

5) ただし，椎名（1991）が論じているように，内包を記述することによる定義が不可能ないし極めて困難だと考えられる概念も存在する（または，ある特性が内包だと言えるかどうかの判断には曖昧な面がある）と思います（たとえば，椎名，1991では，「東京六大学」という概念がこのようなことにあてはまるものとして例示されていますが，この概念は，有限個である，慶應義塾大学，東京大学，法政大学，明治大学，立教大学，早稲田大学（50音順），という外延を示すことによってしか定義できない，とも言えるものだと思います；ただし，「東京六大学野球連盟に所属している大学」と定義すればよいのかもしれませんが）。

記のような線引きに関する定義をしないことが望ましくないと考えられる理由です。

① **領域適切性**（domain relevance）：項目の内容が定義において含めるものとした範囲内のものか（一般的な学力テストで言えば，当該の時期に教えた範囲内ないし学習させようとした範囲内のものか）
② **領域代表性**（domain representativeness）：項目の内容が測定しようとしている構成概念に関わるすべての領域を偏りなくカバーしているか（想定した各下位領域の重要性から考えて，特定の下位領域に関わる項目が過度に多くなっていたり，少なくなっていたりしてはいないか）

なお，「その概念の適用範囲に含めるものと含めないものの線引き」ということに関連して，「類似した構成概念との相違について記述する」ということも大切だと思います[6]。

それから，同じラベル（構成概念名）が付いた尺度は同じ特性を測っていると安易に思い込んでしまうことを jingle fallacy，異なるラベルが付いた尺度であっても同じ特性を測っている面が多分にある可能性を考慮しないことを jangle fallacy と言うそうですが（平井，2006 参照），このような錯誤は往々にして起こり得るものと考えられます。ですから，先行研究を参照する際には，ラベル（概念名）に惑わされずに，それぞれの定義および項目の内容をしっかり吟味すること，そして，そのような吟味を的確に行なうことができるようにするためには，以上のような「線引き」ということを意識した定義を各研究者がしておくことが大切になると思います。

測定の信頼性および信頼性と妥当性の関係

測定の信頼性（reliability of measurement）とは，「測定結果の安定性ないし

---

6) 残念なことに，実際には，以上のようなことを踏まえた定義をしている研究はほとんどみられないとともに，内容的妥当性について検討する際にも，特に領域代表性という点がほとんど考慮されていないと考えられます。

一貫性」を意味する概念であり，「測定結果が測定上の偶然による誤差（**偶然誤差**ないし**確率誤差**：random error）に左右されていない程度」だとも言えるものです。

「どのようなときに測るか」，「どのような項目を用いて測るか」，「だれが測るか」，「回答上のミスや勘違いが（どのように）生じたか，ないし，解答上の運・不運がどのように働いたか」などによって測定結果がランダムに大きく変動し，顕著に安定性に欠けているほど，「信頼性が低い」とか「信頼性に顕著な問題がある」などと言います。そして，このように，測定値が「たまたまそうなった」と表現されるような偶然の影響が強く関わったものになっているならば，それは測定しようとしている変数を的確に反映したものではないことになります。ですから，信頼性が低ければ妥当性も低いことになります。そして，そのため，「信頼性が高いことは，妥当性が高いと主張する際の必要条件である」ことになります。

また，信頼性が高いからといって，それは測定に用いた尺度が一貫して何かを測っていることを示しているだけであり，それだけでは測ろうとしているものを的確にとらえているとは言えません（なぜならば，「測ろうとしていることではない，的外れなものを一貫してとらえているのかもしれない」からです）。ですから，「信頼性が高いことは，妥当性が高いと主張する際の十分条件にはならない」ことになります[7]。

信頼性についての統計学的定義：信頼性係数

古典的テスト理論（classical test theory）と呼ばれる測定に関する統計学的理論では，「得られるデータの値である測定値は，**真値**（true score）と呼ばれる，測定しようとしている変数の値そのものではなく，ランダムに変動する測

---

[7] 「○○尺度の信頼性と妥当性の検討」といったタイトルの論文や学会発表を目にすることが多々ありますが，以上のように信頼性についての検討は妥当性について検討する際の一側面と言えるものであり，このようなタイトルは不適切だと思います（「信頼性という言葉は不要である」ということです）。

定上の誤差が真値に加わったものである」と考えます[8),9)]。すなわち、測定値を y, 真値を t, （偶然）誤差を e とすると,

$$y = t + e \qquad [2-1]$$

と表わされることになります。そして、この場合の誤差がランダムに変動するものだと想定されているということは、各対象の真値に加わる誤差がどのような値のものであるかが偶然のみによって決まるということですから、真値の値と誤差の大きさ（誤差が正の値であるか負の値であるか、および、絶対値の大きさ）の間にはなんらの関係もないことになります。ですから、理論上,

$$r_{te} = 0 \qquad [2-2]$$

であることになります（$\rho_{te} = 0$ と記した方が適切かもしれません）。

ここで、[2-1] 式および [2-2] 式と [1-17] 式および [1-16] 式を見比べると、古典的テスト理論における測定値と真値と誤差の関係は、単回帰分析における（基準変数の）観測値と予測値と予測の誤差の関係と同一であることがわかります。したがって、[1-18] 式と同様に、次の [2-3] 式が成立する（すなわち、測定値の分散は、真値の分散と誤差分散の和である）ことになります。

$$s_y^2 = s_t^2 + s_e^2 \qquad [2-3]$$

また、[2-1] 式および [2-2] 式における測定値と真値と誤差の関係を図1-4と同様に図示すると、図2-1のようになります。ですから、図中の△OABに関して三平方の定理が適用でき、このことからも、[2-3] 式が成立することがわかります。そして、古典的テスト理論では、測定の信頼性の指標として**信頼性係数**（reliability coefficient）というものを考案し、それを [2-

■■■
8) 本シリーズでは取り上げませんが、古典的テスト理論と対比される理論としては、項目反応理論や一般化可能性理論があります。なお、「古典的」と呼ばれるものであるからといって「有用ではなくなっているものである」というわけではなく、現在でも知っておく必要性が高い考え方だと思います。
9) ここでの真値は、あくまで測定値から偶然誤差だけを引いたものであり、本来の測定対象ではない変数によって（偶然にではなく）規定されている部分を含むものです（本来の測定対象ではない変数によって規定されている部分の関与については後述します）。

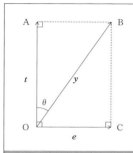

- ベクトルの長さが各変数の標準偏差であり，その2乗が各変数の分散です。また，2つのベクトルの成す角の余弦がそれらのベクトルによって表わされている変数の間の相関係数であり，[2-2]式のように $r_{te}=0$ であることが想定されているので，t ベクトル⊥ e ベクトルです。
- y ベクトルと t ベクトルの成す角を θ とすると，$\cos\theta = r_{yt} = \frac{s_t}{s_y}$ です。そして，[2-4]式のように「信頼性係数 $= \frac{s_t^2}{s_y^2}$」なので，「信頼性係数 $= r_{yt}^2$」であることになります。

図2-1　古典的テスト理論における信頼性の定義

4]式のように定義しています。

$$信頼性係数 = \frac{s_t^2}{s_y^2} \quad [2-4]$$

すなわち，信頼性係数は，真値の分散の測定値の分散に対する比であり，「真値の分散が，測定値の分散の中の何％を占めているかを示している」と言えるものです。また，[2-3]式を s_t^2 について解いて，それを[2-4]式に代入すると，

$$信頼性係数 = \frac{s_y^2 - s_e^2}{s_y^2} = 1 - \frac{s_e^2}{s_y^2} \quad [2-5]$$

となります。これは，「測定値の分散の中で誤差分散が占めている割合が大きい（すなわち，測定値の対象間の変動が，各対象の真値にたまたまどのような誤差が加わったかによって大きく左右されている）ほど信頼性が低いことになる」ということであり，先に記した「測定結果が測定上の偶然による誤差に左右されていない程度」という信頼性の定義と合致していることがわかります。

それから，図2-1に記したように，

$$信頼性係数 = r_{yt}^2 \quad [2-6]$$

であることにもなります。これは，「測定値が真値と（直線的に）対応したものになっているほど信頼性が高いことになる」ということであり，「測定値が測定しようとしている変数を的確に反映している程度」という測定の妥当性の定義，および，「信頼性が高いことは，妥当性が高いと主張する際の必要条件

である」ということと合致しています[10]。

さて，以上のことは，本来，理論上のこと（言い換えれば，母集団でのこと）であって，有限個の測定値に関することではありませんが，説明の便宜上このことを度外視して，信頼性係数について例示してみます。

1～10までの対象の真値が表2-1に示した値であるとします[11]。ここで，真値に関してはケース間で異ならないようにしてあるので，表中に記したように，ケース1とケース2における真値の分散は同じ値です。ケース間で変えてあるのは誤差分散であり，「ケース1＜ケース2」にしてあります（具体的に

表2-1 信頼性係数についての例示

対象	ケース1：誤差が小さい場合			ケース2：誤差が大きい場合		
	真値 (t)	誤差 (e)	測定値 (y)	真値 (t)	誤差 (e)	測定値 (y)
1	2	0	2	2	0	2
2	2	0	2	2	0	2
3	4	0	4	4	0	4
4	4	0	4	4	0	4
5	6	1	7	6	2	8
6	6	−1	5	6	−2	4
7	8	1	9	8	2	10
8	8	−1	7	8	−2	6
9	10	2	12	10	4	14
10	10	−2	8	10	−4	6
分散	8.0	1.2	9.2	8.0	4.8	12.8
r_{te}	0			0		
$\frac{s_t^2}{s_y^2}$	.87			.63		
r_{yt}	.93			.79		
r_{yt}^2	.87			.63		

＊真値に誤差が加わることによって，「真値が同じであるのに測定値が異なっている対象」や「真値が異なっているのに測定値が等しくなっている対象」が存在することになっています。このようなことからも，測定値が誤差によって変動し，信頼性に問題が生じると，測定値が測定しようとしている変数を的確に反映していないことになる（すなわち，妥当性にも問題があることになる）ことがわかります。
＊この表に示したケースでは，真値と誤差の絶対値の間には強い相関関係が存在しています。

---

10) ［1-14］式と［2-6］式を踏まえて［2-4］式および［2-5］式について考えると，［2-4］式と［2-5］式は，それぞれ，［1-21］式と［1-22］式に対応していることがわかります。
11) 当然のことながら，実際には，研究者が入手することができるのは測定値だけであり，ランダムに変動する値である誤差の各対象における値（および，誤差分散の大きさ）はわからないので，各対象における真値（および，真値の分散）もわかりません。ですから，信頼性係数は，本来は，以下のように直接算出することは不可能であり，後述するような方法で推定するしかないものです。

は，この場合，$s_{e(2)} = 2 s_{e(1)}$ になるようにしてあるので，ケース 2 の誤差分散はケース 1 の誤差分散の 4 倍になっています）。また，値が等しい真値が 2 個ずつ，5 種類あるようにし，真値の値がこれらの 5 種類の中のいずれの場合も誤差の平均値が 0 になるようにすることによって，［2-2］式が満たされるようにしてあります。さらに，いずれのケースにおいても誤差の平均値が 0 になっているので，［1-12］式のところで説明したように，誤差分散が大きいことは，誤差そのものが全般に大きいことになります。

表 2-1 に示したように，真値に誤差を加えたものである測定値の分散は，いずれのケースにおいても，真値と誤差の相関係数が 0 なので，それらの分散の和になっているとともに，誤差分散が大きい分，ケース 2 の方が大きくなっています。そして，真値の分散の測定値の分散に対する比である信頼性係数の値は，（分子である）真値の分散は等しいので，（分母である）測定値の分散が大きいケース 2 の方が小さくなります。すなわち，これまで説明してきたように，「大きな誤差が加わっているケース 2 の方が信頼性が低いことになる」ということです。また，（相対的に）大きな誤差に攪乱されて，ケース 2 の方が測定値と真値の相関係数が小さくなっています。すなわち，「測定値が真値と（直線的に）対応していない状態になっている」ということです（$r_{yt}^2 = \frac{s_t^2}{s_y^2}$ になっていることも確認してください）。

測定値が測定しようとしている変数を「的確に反映している」ということの意味

ここでは，どのようなことが満たされているときに「測定値が測定しようとしている変数を的確に反映していて，測定の妥当性が高いと言えるのか」ということについて説明します。ただし，実際には，主に，どのようなときに「妥当性が低い」とか「妥当性に関して大きな問題がある」ということになるのか，という逆側からの記述をします。

なお，「性」という言葉が付いていることが示唆しているように，妥当性というものは，妥当か否かというような "all or nothing" であることではなく，あくまで程度問題であることです。ですから，論文などにおいて「妥当性が示

されている」とか「妥当性が確認されている」などといった記述を見かけることがありますが，これらは（安易かつ不当に2分法的判断をしていることが示唆されるという意味で）適切ではないと思います。

それでは，ここでの本題に戻ります。

まず，当然のことながら，図2-2の①のように，「本来，測定しようとしている変数である構成概念と実際に観測される変数の間に研究者が想定した通りの特定の（通常は，直線的な）関係が明確に存在すること」が妥当性が高いことを主張する際の必要条件になります。たとえば，「他者と会話をするとき，相手のことを強く好いているほど，その人に視線を多く向けるであろう」と考えて，会話時の相手に対する注視時間を観測変数として他者に対する好意度という構成概念について測定しようとしたとします。このようなとき，もしも「好意度が非常に高い場合には，差恥心が強く働いて，かえって相手を見つめることができなくなる」などということがあれば，上記のような方法は，好意度を測定するためのものとしては，妥当性に大きな問題がある（注視時間の値は好意度を的確に反映したものになっていない）ことになるでしょう。また，好意度がある程度のところまでは「好意度が高いほど注視時間が長くなる」と

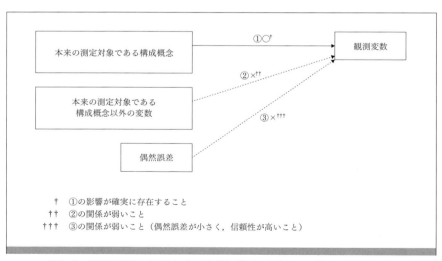

† ①の影響が確実に存在すること
†† ②の関係が弱いこと
††† ③の関係が弱いこと（偶然誤差が小さく，信頼性が高いこと）

図2-2 測定値が測定しようとしている変数を「的確に反映している」ということの意味
（妥当性が高いことを主張する際の必要条件）

いう関係が顕著に存在するけれども，好意度がある程度以上になると（「好意度が高いほど，逆に注視時間が短くなる」とまではいかないものの）「好意度の一定の増加に伴う注視時間の増加の程度が小さくなる」などというようなことがあれば，構成概念と観測変数の関係が直線的ではないことになるので，やはり，多少なりとも妥当性に問題があることになるでしょう[12]。さらに，「測定される対象（心理学的研究においては，一般に，人）や状況によって構成概念と観測変数の関係が異なる」と考えられるような場合も，人や状況を越えた一般的な尺度を作成しようとしているならば，やはり妥当性に問題があることになるでしょう[13]。

　次に，妥当性が高いことを主張する際には，もう1つ重要な条件が満たされている必要があります。それは，図2-2の②のように，「観測変数が本来の測定対象である構成概念以外の変数によって特定の影響を受けていないこと」ということです。ここで，心理学的研究における観測変数というものについて考えると，通常，それは人間の行動です（「質問紙における回答も」です）。そして，（おそらくはすべての）人間の行動は，ある1つの構成概念だけでなく，それ以外の種々の変数にも規定されていると考えられます。たとえば，なんらかの学力を測定するためのテストにおいてどのような解答をするのか（そして，その結果，得点が何点になるのか）は，当該の学力だけでなく，**テスト・ワイズネス（test-wiseness）**と呼ばれる受験テクニックのようなものによっても規定されているでしょう[14]。また，「宿題を一生懸命やろうと思う」，「授業中，積極的に発表しようと思う」などという質問に関して肯定的な反応をする

---

12) これは，『ごく初歩本』の16ページの図0-2に示したような関係になっていない状態です。また，『補足本II』の182〜183ページに記した，村山（2012）の論述が該当するようなケースも，同様の問題を有するものです。

13) 以上のようなこと，および，後述するようなことから，厳密に考えると，構成概念についての測定においては，妥当性に関してまったく問題がないと主張できるような尺度は存在しないと言えるでしょう。しかし，これは多分に不可避のことであり，問題の顕現性が高いと考えられる場合でなければ，現実には，誤差の一種だとみなして目をつぶらざるを得ないことだと思います。そして，筆者は，「ちょっと余分な話7」にも記したように，量的・統計的研究というものは，元来，種々のことを捨象した上で行なわざるを得ないものだと考えています。ですが，人間の心に関わる研究においてはこのようなことが常につきまとうであろうことは，しっかり認識しておくべきだとも思っています。

14) テスト・ワイズネスとは，「テストの結果が自分にとって有利なものになるようにテストの内容・形式やテストを実施する場面の特徴を有効に利用する個人の能力」と定義されるような構成概念です。詳しくは，村山（2006）や吉田（2000）などを参照してください。

程度を観測変数として学習に対する動機づけの高さについて測定しようとした場合，それらの質問に対する回答は，後述する黙従傾向や社会的に望ましい回答をする傾向などの反応バイアスと呼ばれる要因によっても強く影響を受けると考えられます。そして，このような場合には，本当はＡさんとＢさんの動機づけの高さが同じであるにもかかわらず，ＡさんはＢさんよりも黙従傾向ないし社会的に望ましい回答をする傾向が強いために上記の質問に対する回答に際してより肯定的な回答をし，その結果，測定値においてはＡさんの方が動機づけが高いことになる（したがって，測定値が測定しようとしている変数を的確に反映していないことになる），という事態が生じてしまいます。また，逆に，本当はＣさんはＤさんよりも動機づけが高いにもかかわらず，Ｄさんの方が黙従傾向ないし社会的に望ましい回答をする傾向が強いがために，これらの反応バイアスの影響と動機づけの影響が相殺し合って，測定値においてはＣさんとＤさんの動機づけが等しいことになる，といったような事態も生じてしまいます。さらに，（実際にはこんなことはしないでしょうが）計算能力という構成概念について測定するために，１桁の足し算・引き算を１̇時̇間̇行なわせ，その正答数を観測変数にしたとします。確かに，「計算能力が高いために，このような課題における正答数が多くなる」という影響は存在するでしょう。しかし，このような観測変数は，本来の測定対象である計算能力だけでなく，課題に対する動機づけの高さとか根性（＾＾）といった心理的な構成概念や，手を動かす速さや筋肉の持続力などの身体的特性によっても強く規定されていると考えられます。ですから，「計算能力という構成概念について測定するために，１桁の足し算・引き算を１̇時̇間̇行なわせ，その正答数を観測変数にする」といった方法は，妥当性に関して大きな問題があることになると思います。

　それから，「測定の信頼性および信頼性と妥当性の関係」の項および表２−１の下側に記したように，信頼性が高いことも，妥当性が高いと主張する際の必要条件であり，信頼性が低ければ妥当性に問題があることになります（図２−２の③）。

妥当性が低いことがもたらす問題事象[15]

　標記のことについて説明するにあたり，まず，以下のことを踏まえておいてください。
　検討の対象になっている主な変数が2つあるとします。それらをx, yとし，それぞれに関わる種々の変数を，次のように表わすことにします（これらは，一般的な表記ではありません）。

　　測定値（すなわち，観測変数の値）：o_x, o_y
　　本来の測定対象である構成概念の真値：t_x, t_y
　　測定値に影響を及ぼす本来の測定対象以外の変数の真値：b_x, b_y
　　　（正確に記すならば，この変数の影響によって測定値が大きくなったり
　　　小さくなったりしている程度を表わしていることになります）
　　偶然誤差：e_x, e_y

そして，次の［2-7］式および［2-8］式のように，「測定値は，本来の測定対象である構成概念の真値と，本来の測定対象以外の変数の真値と，偶然誤差の和である」ということを想定します（これらは，［2-1］式のtを「t_xないしt_y」と「b_xないしb_y」に分解した，と言えるものです）。

$$o_x = t_x + b_x + e_x \qquad [2\text{-}7]$$
$$o_y = t_y + b_y + e_y \qquad [2\text{-}8]$$

　ここで，b_xとb_yは，「**系統誤差**（systematic error）と呼ばれる誤差を生じさ

---

[15] 筆者は，このような「なぜ妥当性（および，信頼性）が低いことは望ましくないのか」ということに関わる基本的な事柄について具体的に認識しておくことは，結果の解釈が選択的ないし独断的なものにならないようにするために，非常に重要だと思っています（このことが具体的にどういうことかについては，以降を読めばわかってもらえると思います）。しかし，自明のことと考えているのか，多くの著書では，このようなことが（ほとんど）取り上げられていません（取り上げられている場合も，「ちょろっと」といった感じのように思われます）。

せる変数（の真値）」と言い換えられるものであり，系統誤差というのは，なんらかの原因があって生じる誤差のことを言います。したがって，偶然誤差のように各対象における値がどのようになるのかがまったく説明がつかない，ランダムに変動するものではなく，一定の傾向のもとに各対象の測定値を変動させ，測定値と真値の間に「なんらかの規則性があるずれ」を生じさせる（という想定の）ものです。

　少しおちゃらけたものですが，系統誤差と偶然誤差の違いについて例示します。筆者が子どもの頃は，学校で身長を測定する際，イラストのようにして，先生が各生徒の身長の値を読みとっていました。ですから，器具の上部の上下に移動する部分を下に動かして生徒の頭を抑えるときに先生がどのくらい強く抑えるかによって，わずかではありますが，結果が異なることになります（もちろん，強く抑えるほど，目盛りの位置が下になるので，測定値が小さくなります）。このとき，生徒が誰であるかとか，先生がどのような気分であるかなどが抑える際の力の強さに影響をまったく及ぼさずに，抑える力の強さがランダムに変動するのならば，それに伴う誤差（すなわち，各生徒における測定値と真値の差）は偶然誤差だと言えるでしょう。これに対して，（望ましいことではないでしょうが）先生を苛つかせるようななんらかの特性を各生徒が有している程度（ないし，先生が各生徒に対して抱いている感情）や測定時の先生の情緒状態（たとえば，あくまで説明のための架空の話ですが，その先生は，午前中は快適な気分でいることが多く，午後は不快になっていることが多い，といったこと）などによって（意図的ないし意識的かどうかはともかくとして）抑える力の強さが変動し，「先生を苛つかせるような特性を有している生徒のときほど抑える力が強くなる」とか「先生が不快な情緒状態にあるときほど抑える力が強くなる」というような一定の傾向が存在するならば，これらのことに伴う誤差は系統誤差であることになります。

なお，1つの構成概念について測定する際に系統誤差を生じさせる原因となる変数は1つしかないわけではなく，通常，数多く存在していると考えられますが，説明の便宜上，ここでは，xとyの各々について1つずつのみを想定することにします。

▶▶▶▶ e_xとe_yの影響：相関の希薄化

まず，信頼性の低下という面から妥当性の低下をもたらすe_xとe_yの影響について説明します（ここでは，「b_xとb_yのことは考えない」ないし「ここでのtはbを含むものだと考える」ことにします）。

e_xとe_yは，ともにランダムに変動するものですから，理論上，変数xと変数yの各々において［2-2］式が成立するだけでなく，次の［2-9］式のように，それらどうしも無相関になるはずです（「偶然のみによって値が決まるものである両者の間にはなんらの対応関係も生じないはずである」ということです）。

$$r_{e_x e_y} = 0 \qquad [2\text{-}9]$$

そして，このように互いに無関係な成分がそれぞれの真値に加わるのですから，直観的に考えて，xとyの真値どうしの間になんらかの関係があっても，（誤差が加わったものである）測定値においては，示される関係がぼやけたもの（すなわち，希薄なもの）になってしまうと考えられます。また，このような傾向は，真値の分散が一定である場合，誤差分散が大きい（ということは，これまで記してきたように誤差の平均値は0だと考えるので，誤差そのものが全般に大きい）ほど顕著になると考えられます。

実際，以上のような直観は的を射ており，xとyの測定値間の相関係数（$r_{o_x o_y}$）とxとyの真値間の相関係数（$r_{t_x t_y}$）の間には，次の［2-10］式のような関係があることがわかっています[16]。

---

16) ［2-10］式についての証明は，南風原（2002）の82～83ページに記されています。

$$r_{o_x o_y} = r_{t_x t_y} \sqrt{x の信頼性係数 \times y の信頼性係数} \qquad [2-10]$$

そして，［2-3］式と［2-4］式または［2-5］式からわかるように，信頼性係数は1よりも大きくはならないので，理論上は，必ず，

$$|r_{o_x o_y}| \leq |r_{t_x t_y}|$$

になります。たとえば，まずxとyの信頼性係数が等しい場合で例示すると，信頼性係数が.8であれば測定値間の相関係数は真値間の相関係数の.8倍になるし，信頼性係数が.5であれば測定値間の相関係数は真値間の相関係数の.5倍になります。また，一方の変数の信頼性係数が.8というように一般的には高いと判断されている値であっても，他方の信頼性係数が.2というような非常に低い値であれば，測定値間の相関係数は真値間の相関係数の.4倍（$\sqrt{.8 \times .2}$）の値になってしまいます。

　以上のことを要約するならば，「実際に見いだされる結果である測定値間の相関係数は，それぞれの変数の信頼性が低いほど，（本来の測定対象である構成概念どうしの関係についての真の値と言えるであろう）真値間の相関係数よりも絶対値の小さなものになる」ということであり，このようなことを，（測定の信頼性の低下に伴う）**相関の希薄化**（attenuation of correlation）と言います。

　なお，［2-6］式より，「信頼性係数の平方根＝測定値と真値の相関係数」なので，

$$r_{o_x o_y} = r_{t_x t_y} \, r_{ot(x)} \, r_{ot(y)} \qquad [2-11]$$

と表わすこともできます（$r_{ot(x)}$および$r_{ot(y)}$は，xおよびyにおける測定値と真値の相関係数です）。

　それから，以上のような偶然誤差の影響は，2変数間の関係の指標として相関係数が用いられる場合にのみ生じるものではありません。『補足本Ⅰ』の29～34ページなどに記したように，2つの変数の間に関係があるということは，一方の変数の値によって他方の変数の値が異なっているということなので，このような「一方の変数の条件間で他方の変数の値がどの程度顕著に異なってい

るか」といったことに関する指標においても，相関係数の場合と同様のことが生じます。たとえば，量的変数 y の値が男女間で異なっているということは，変数 y と性別という変数の間に関係があるということです。ですから，変数 y の値の性差の大きさの指標である標準化平均値差（d）においても希薄化は生じ，d の絶対値は e_y の分散が大きいほど小さくなってしまいます（この場合の d の分子である「男性条件の平均値－女性条件の平均値」は，いずれの条件においても誤差の平均値が 0 なので理論上変わりませんが，各条件の分散は，誤差分散が加わる分，大きくなるので，d の分母である「2 つの条件の標準偏差の平均的な値」が大きくなり，d の絶対値は小さくなります）[17]。

ここで，信頼性係数の場合と同様に，以上のことは，本来，理論上のこと（言い換えれば，母集団でのこと）であって，有限個の測定値に関することではありませんが，説明の便宜上，このことを度外視して，相関の希薄化に関する大ざっぱなデモンストレーションをしてみます。

まず，x と y の真値が図 2-3 の一番上に示した36対の値だとします。図中に記したように，分散がいずれも14.44で，相関係数がちょうど .6 になるようにしてあります。すなわち，「x と y の両方に関して，誤差がまったく加わっていない，信頼性係数が 1 である測定を行なうことができたならば，x と y の相関係数は .6 になる」ということです。

次に，分散の異なる 2 種類の誤差（誤差 1 と誤差 2）を用意しました。図中に記したように，誤差 1 の分散は 4 で，誤差 2 の分散は16です。いずれも表面上は18個しか値がありませんが，『補足本Ⅱ』の標本分布についてのシミュレーションを行なった場合と同様に「いくら取っても減らないよルール」を適用して，それぞれの中から無作為に 1 個ずつを取り出すことを72回行ないました。そして，それらの各々を対象 1〜対象36の e_x ないし e_y とし，それらを上記の真値に加えた値を各対象の測定値としました[18]。

最後に，以上のようにして得られた各変数に関して，図中に記した種々の相

- [17] 標準化平均値差も信頼性が低いほど絶対値が小さくなることについては，「測定誤差を考慮した標本の大きさの決定」という文脈の中で，芝・南風原（1990）も取り上げています。
- [18] 話を単純にするために，真値に関しては $\rho = .6$ の母集団から $n=36$ の標本を抽出するといったことをせずに，常に上記の「相関係数が .6 であるもの」にしました。

〔真値〕

t_x	2	4	4	4	6	6	6	6	8	8	8	8	8	10	10	10	10		分散	相関係数
t_y	4	2	6	10	4	6	8	12	6	8	10	12	14	4	8	10	10			
	10	10	10	10	12	12	12	12	12	12	14	14	14	14	16	16	16	18	14.44	
	10	10	12	16	6	8	8	10	12	14	8	12	14	16	10	14	18	16	14.44	.6

〔誤差〕

																			分散
誤差1	−4	−3	−2	−2	−1	−1	−1	0	0	0	0	1	1	1	2	2	3	4	4.00
誤差2	−8	−6	−4	−4	−2	−2	−2	0	0	0	0	2	2	2	4	4	6	8	16.00

・誤差2の値は誤差1の値を2倍したものなので,標準偏差が2倍になり,分散は4倍になります。したがって,同じ真値に誤差1を加えた場合と誤差2を加えた場合では,後者の方が信頼性が低いことになります。

〔誤差のランダムな割り当てと測定値の算出〕
1.対象ごとに18個の誤差1の中から無作為に1つの値を抽出し,それを各対象の e_x および e_y とします。その際,各対象における e_x と e_y の値の抽出は,「いくら取っても減らないよルール」のもとで,個々独立に行ないます。ですから,理論上は,$r_{e_x e_y}=0$ になります。
2.x と y の各々において対象ごとに真値と誤差の和を求め,それらを測定値とします。
3.このようにして得られた x と y の測定値に関して,相関係数($r_{o_x o_y}$)を算出します。また,同時に,理論上,x と y の各々における信頼性係数の平方根になるものである $r_{o t(x)}$ と $r_{o t(y)}$ を算出します。さらに,$r_{t e(x)}$,$r_{t e(y)}$,$r_{e_x e_y}$ も算出します。
4.1~3を20回,繰り返します。
5.1~4と同一のことを,誤差を誤差1から誤差2に変えて行ないます。

	真値(t_x)		誤差(e_x)		測定値(o_x)		真値(t_y)		誤差(e_y)		測定値(o_y)
対象1	2	+	( )	=	( )		4	+	( )	=	( )
対象2	4	+	( )	=	( )		2	+	( )	=	( )
対象3	4	+	( )	=	( )		6	+	( )	=	( )
⋮	⋮		⋮		⋮		⋮		⋮		⋮
対象36	18	+	( )	=	( )		16	+	( )	=	( )

図2-3 相関の希薄化についてのデモンストレーション(過程についての説明)

関係数を算出しました(以上のことを,e_x と e_y の値を誤差1から抽出する場合と誤差2から抽出する場合ごとに,20回ずつ行ないました)。

表2-2は,結果をまとめたものです。

まず,e_x と e_y の値を誤差1から抽出した場合も誤差2から抽出した場合も,x と y の測定値間の相関係数である $r_{o_x o_y}$ の値は,このデモンストレーションにおける真値間の相関係数である.6よりも全般に小さくなっています。これが相関の希薄化という現象です。また,測定値と真値の相関係数は,x と y のいずれにおいても,e_x と e_y の値を誤差2から抽出した,相対的に大きな誤差を

表 2-2　相関の希薄化についてのデモンストレーション（結果）

	（相対的に信頼性が高い）誤差1の場合					（相対的に信頼性が低い）誤差2の場合				
	$r_{x(t)y}$	$r_{x(t)x}$	$r_{x(t)y}$	$r_{x(e_x)}$	$r_{x(e_y)}$	$r_{x(t)y}$	$r_{x(t)x}$	$r_{x(t)y}$	$r_{x(e_x)}$	$r_{x(e_y)}$
1回目	.63	.90	.90	.14	.10	.23	.62	.65	−.05	−.08	−.03
2回目	.52	.89	.86	.08	.06	.46	.74	.73	−.03	.00	.34
3回目	.51	.91	.88	.15	−.21	.05	.71	.69	−.13	−.14	−.30
4回目	.43	.89	.87	−.07	−.29	−.14	.73	.64	.19	−.06	−.09
5回目	.56	.89	.88	.01	−.07	.28	.68	.69	−.08	−.10	−.24
6回目	.40	.88	.89	−.04	−.07	.22	.67	.60	−.07	−.22	−.18
7回目	.53	.88	.89	.14	.13	.20	.64	.79	−.24	.05	−.13
8回目	.54	.87	.91	−.17	−.12	−.16	.57	.82	.35	−.14
9回目	.60	.88	.91	−.04	.06	.27	.65	.61	.00	−.23	−.06
10回目	.60	.88	.90	−.24	−.08	.21	.73	.63	.10	−.08	−.33
11回目	.42	.91	.88	.01	.07	.10	.64	.64	−.08	−.09	.18
12回目	.58	.93	.89	.09	.10	.17	.80	.77	−.17	−.09	.26
13回目	.34	.86	.88	−.13	−.26	−.02	.79	.56	.18	−.25	−.19
14回目	.67	.91	.82	.23	−.32	.14	.60	.68	−.11	−.08
15回目	.50	.91	.90	−.08	.10	.05	.72	.55	−.07	−.53	−.02
16回目	.53	.86	.87	−.11	−.31	.02	.69	.69	−.02	.07	−.08
17回目	.50	.91	.88	−.06	−.21	.21	.68	.68	−.06	.11	.13
18回目	.45	.89	.90	.01	−.23	−.05	.47	.75	.01	.03	.15
19回目	.52	.91	.93	−.26	.16	−.11	.48	.80	.05	.22	.21
20回目	.64	.86	.91	−.05	−.09	.30	.63	.71	−.18	−.18	−.06
平均値	.52	.89	.89	.02	−.07	.05	.29	.69	.68	−.01	−.05	−.03

- 図 2-3 の一番上の真値のところに記したように、x と y の真値間の相関係数（$r_{t_x t_y}$）は、.6 です。
- 真値はどの回も一定にしてあるので、真値の分散は、x も y も常に 14.44 です。
- 誤差が誤差1から抽出されたものである場合、x と y の誤差の母分散は 4 です（ただし、1 回目〜20 回目の各々の標本において、標本抽出上の偶然によって変動します）。ですから、誤差の母分散が母分散よりも全般にやや小さめの値になることを考慮しないとともに、理論通り $r_{te} = 0$ であるとすれば、測定値の分散は、[2-4] 式より、14.44÷18.44 で、.78 になります。よって、$r_{tx} = \sqrt{.78}$。そして、[2-6] 式より、理論上、r_{xy} は信頼性係数の平方根であることになるので、x と y のいずれにおいても、$r_{tx} = \sqrt{.78}$、.88 であることになります。したがって、[2-11] 式より、信頼性係数は 14.44÷30.44 で、.47 になり、r_{xy} は、.6×.88×.88 で、.47 くらいになると予測されます。
- 誤差が誤差2から抽出されたものである場合には、x と y の測定値間の相関係数（$r_{x_t x_y}$）は、.28 くらいになると予測されます。ですから、相対的に信頼性が低い誤差2の場合には、誤差が誤差2から抽出されたものである場合には、.69 になります。

加えた場合の方が小さくなっています(そして,測定値と真値の相関係数の平均値は,e_xとe_yの値を誤差1から抽出した場合も誤差2から抽出した場合も,表の下に記した,大ざっぱに考えた理論上の値に近い値になっています)。これは,大きな誤差が加わるほど信頼性が低くなるという当然のことですが,このことに応じて,相対的に大きな誤差を加えた場合の方が測定値間の相関係数が.6よりも低下している程度が顕著になっています。すなわち,「信頼性が低いほど希薄化が顕著になる」ということです。

なお,全般的には以上のようなことになるわけですが,各回の結果には,かなりの散らばりがあります。これは,基本的に,各対象におけるe_xおよびe_yが(たまたま)どのような値になったかによるものですが,信頼性に問題があると,個々の測定値の安定性が損なわれるだけでなく,見いだされる現象も不安定なものになってしまうことを示していると言えるでしょう[19]。

さて,以上のことから,信頼性が低いという点で測定の妥当性に大きな問題があるほど,データが示している関係が弱いものであっても,そのような結果に基づいて,「当該の構成概念間には(ほとんど)関係がない」といった主張ができにくくなると言えます。それは,もちろん,「弱い関係しか示されなかったのは,信頼性が低いために希薄化が生じたからである」という解釈も成立し得ることになるからです。しかし,現実には,測定方法が非常に粗雑で,各対象の測定値がどのような値になるかが偶然によって大きく左右されていると考えられるケースであるにもかかわらず,測定の信頼性についての検討もせずに,データから算出された相関係数の絶対値が小さいことに基づいて,「仮説通り,これらの変数の間には関係がないことが示された」という主張をしている研究を見かけることがあります[20]。

---

19) [2-2]式および[2-9]式に示したように,xとyの各々における真値と誤差の相関係数,および,xとyの誤差どうしの相関係数は,理論上は0になります。しかし,表2-2からわかるように,実際のデータにおいては,(全般的には0に近い値ですが)そうなるわけではありません。また,表には示しませんでしたが,誤差分散および測定値の分散の値も,標本(データ)間で変動します。そして,表2-2から推察されるように,測定値間の相関係数は,特に誤差どうしの相関係数がたまたまどのような値になったかによって左右されます(具体的には,当然のことながら,誤差どうしの相関係数が正であれば相対的に大きめの値になり,負であれば相対的に小さめの値になります)。

20) ここに記したことは,『補足本II』の228ページの脚注19)に記したことと重複しています。また,『補足本I』の66ページの【練習問題2-17】の解答の1つになる事柄です。

▶▶▶▶ b_x と b_y の影響

次に，b_x と b_y の影響，すなわち，図 2-2 の②の関係が存在することがもたらす問題事象について説明します。

なお，説明の便宜上，b_x と t_x，および，b_y と t_y は無相関であるとします。ここで，b と t が無相関であるというのは，先の身長の測定の場合で言えば，「各生徒の身長の真値」と「先生の各生徒に対する感情（および，その感情に伴って変動する，各生徒の頭を抑える力の強さ）」が無相関である，ということです。これに対して，「（先生が自分の身長が低いために妬みがあるのか：＾＾）身長が高い生徒のときほど，生徒の頭を強く抑える」とか，逆に，「（身長が低い生徒のときほど抑えやすいので）身長が低い生徒のときほど，生徒の頭を強く抑える」などというようなことがあれば，t と b は無相関ではないことになります。それから，e_x と e_y はランダムに変動する変数なので，これらは，理論上，b_x と b_y のいずれとも無相関であることになります。

さて，まず，「b_x と b_y が無相関であるとともに，関係を検討している 2 つの構成概念の測定値（o_x と o_y）の各々に独立に影響している（すなわち，b_x と t_y，および b_y と t_x も無相関であり，かつ，b_x は o_y に影響していないとともに，b_y は o_x に影響していない）」とします。ということは，b_x と b_y が偶然誤差である e_x および e_y と同様の働きをするということです。したがって，このような場合には，偶然誤差が関与している部分が大きくなることになり，相関の希薄化がより顕著になります。

次に，同じ変数が b_x と b_y になっている（ないし，b_x と b_y に相関がある）場合について考えてみます。たとえば，x と y についての測定が，ともに「私は〜だ」とか「…することは重要だと思う」といった項目からなる質問紙尺度を用いて行なわれているとともに，いずれも「非常にあてはまる」とか「すごくそう思う」というような肯定的方向の回答をするほど高得点になる項目ばかりで構成されているとします。このような質問に対する回答には，質問されている内容にかかわらず肯定的な方向の回答をする傾向を各回答者がどの程度有しているかといった，**黙従傾向**（acquiescence）とか**イエス・テンデンシー**（yestendency）と呼ばれる個人特性が関与することが論じられていますが，上記のように，x と y の両方ともが肯定的方向の回答をしているほど高得点になる項目ばかりで構成されていると，黙従傾向が強い人はいずれの変数においても高得点になりやすく，黙従傾向が弱い人はいずれの変数においても低得点になりやすいことになります。そして，そのため，図2-4の上段に示したように，「本当は（すなわち，真値間には）関係がないにもかかわらず，データにおいては（すなわち，測定値間には）正の相関関係が示される」という，擬似相関が発生してしまいます[21]。また，もともとが（すなわち，真値間の関係が）負の関係である場合には，図2-4の下段に示したように，データにおいて示される関係がぼやけたものになったり，擬似無相関の状態になったりしてしまいます[22]。

最後に，x または y との関係を検討する対象になっている変数と b_x ないし b_y の間に関係がある場合について考えてみます。たとえば，上記の「計算能力という構成概念について測定するために，1桁の足し算・引き算を1時間行なわせ，その正答数を観測変数にする」という例において，計算能力の性差（言い換えれば，計算能力という量的変数と性別という質的変数の関係）について検討することになったとします。このような場合，計算能力（t）に性差がなくても，手を動かす速さや筋肉の持続力（b）に性差があれば，正答数

---

21) 『補足本I』の51～52ページで例示した「いじめた経験の頻度といじめられた経験の頻度に関する擬似相関」も同種のものです。

22) 『補足本I』の52ページにも記しましたが，この例が示唆しているように，関係を検討する2つの変数に関して同様の方法で測定を行なうと，なんらかの測定上のバイアスが両方の変数の測定値に共通の影響を及ぼし，擬似相関や擬似無相関が生じてしまう可能性が高くなります。したがって，変数間の関係について検討する際には，できる限り，変数によって測定法を変えたり，各変数について異なる複数の方法による測定を行なったりした方が望ましいと思います。

それから，「今，安心している」とか「○○のことを好いている」などといったポジティブな内容の項目に対して「あてはまる」とか「そう思う」という肯定的な回答をする程度と，「今，不安を感じている」とか「○○のことを嫌っている」などといったネガティブな内容の項目に対して肯定的な回答をする程度の間の関係について検討すると，「安心と不安」および「好きと嫌い」は意味的に対をなしていると考えられる事柄であるにもかかわらず，多くの場合，強い負の相関は示されません。このような結果に関しては，「ポジティブなこととネガティブなことが対称的にはなっていない」という，positive-negative asymmetry と呼ばれる（実質的に意味があると考えられる）現象の一例だと解釈することができる一方で，図2-4の下段に示したようなことが生じたことによる見かけの関係である（すなわち，本来は強い負の関係にあるが，ポジティブな内容の項目に対する回答とネガティブな内容の項目に対する回答のいずれにおいても黙従傾向の個人差が介在しているために無相関に近い状態が示された），というようにも解釈できると考えられます。

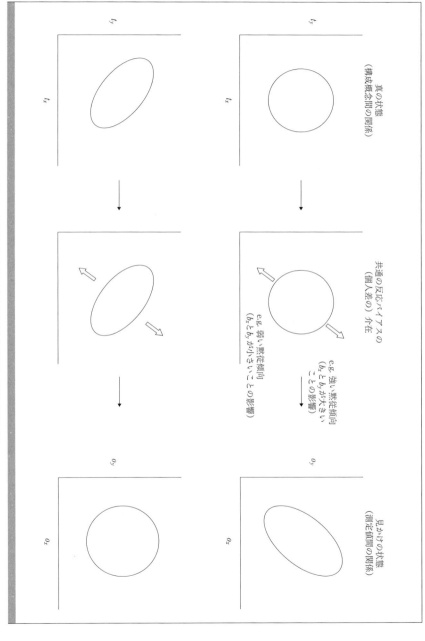

図 2-4 共通の反応バイアスの介在による擬似相関・擬似無相関の発生

(o) に性差が生じることになります。また，本当は女性の方が男性よりも計算能力が高くても，男性の方が手を動かす速さが速かったり筋肉の持続力が高かったりすれば，t と b の影響が相殺し合い，測定値である正答数（o）における性差は顕著ではなくなります。すなわち，このような場合にも，擬似相関や擬似無相関が発生することになるわけです[23]。

さて，この項の締めくくりとして，以上の「妥当性が低いことがもたらす問題事象」ということについて，まとめてみます。まず，信頼性が低ければ，2つの変数の間にほとんど関係がないことを示すデータが得られても，それは「それらの変数の関係が本当に弱いから」ではなく，「測定値に e_x and/or e_y が大きく影響しているために希薄化が生じて，そのような結果になってしまった」というようにも解釈できることになります。すなわち，「本来の測定対象である構成概念に即した解釈以外の解釈が成立してしまう」ということです。また，b_x と b_y の影響に関して記した 2 番目と 3 番目のことも，b_x and/or b_y の影響による擬似相関ないし擬似無相関の発生という，「本来の測定対象である構成概念に即した解釈以外の解釈が成立してしまっている」と言えるものです。これらは，いずれも，本章の最初に記した，「測定の妥当性とは，"測定値が測定しようとしている当該の変数のみを反映したものであるという前提のもとに結果の解釈を行なうことに問題がない程度" または "上記の前提に反する他の解釈が成立する可能性が低い程度" である」ということに該当するものであり，包括的に言うならば，「測定の妥当性に問題があるほど，結果の解釈の曖昧さが高まってしまう」ということになります。

なお，図 2-2 の①の条件が満たされていなければ，（どの程度満たされていない，ないし，どのように満たされていないかにもよるでしょうが）そもそも本来の測定対象である構成概念に即した解釈が成立しないことになってしまいます。そして，仮説に沿った関係が見いだされなかったときには，そのような結果に基づいて，「本来の測定対象である構成概念に関して，そのような関係がない」という判断をすることができなくなってしまいます。

---

23) この段落に記したことは，「t_x と b_y に関係がある」ないし「t_y と b_x に関係がある」場合とも言えるものです。

自己報告型の質問紙尺度を用いた測定において
系統誤差を生じさせる要因

　当然のことながら，測定の妥当性は，なにも「○○尺度」と銘打った質問紙尺度においてのみ問題になることではありません。どのような方法によるものであれ，心理的構成概念について測定しようとする場合には，非常に重要になる事柄です。しかし，少なくとも我が国の心理学的研究においては，自己の性格や，感情，欲求，態度，日常の行動などに関して当人の内省に基づいて回答を求める質問紙法である，自己報告型の質問紙尺度が多用されているとともに，このような質問紙尺度を用いた測定において系統誤差を生じさせる種々の要因について無頓着であると感じられる研究が散見されます。そこで，ここでは，このようなことについて取り上げてみます。

　まず，主に内省時に働くと考えられる要因について例示します。

① 自己評価の基準の甘さ：これは，文字通り，自身の諸特性について評価する際の基準の甘さ・厳しさに関わることであり，「現実が同じでも，人によってそれをどの程度望ましい（ないし，望ましくない）と感じるかが異なることにより，回答（および，その結果としての測定値）が変動してしまう」というものです[24]。

② 各選択肢に対するとらえ方：質問紙尺度による測定においては，多くの場合，「非常に〜」，「わりと〜」，「やや〜」，「ほとんど〜でない」，「まったく〜でない」などといった，程度の違いを表わす副詞を用いて回答の際の選択肢を提示しますが，これらは多分に主観的なものであり，問われて

---

[24] 『補足本Ⅰ』の51〜52ページに記した，いじめた経験の頻度といじめられた経験の頻度に関する自己報告において，いじめに対する敏感さといった個人特性が回答に影響を与えているであろうことは，ここに記したことと類similarないし関連したものだと考えられます。また，自己防衛的な動機の強さといったことも，自己評価の基準の甘さという変数と関連した，自己の諸特性についての内省に影響を及ぼす変数だと考えられます。なお，いじめた経験の頻度といじめられた経験の頻度の内省に関しては，以下の②〜④に記すことも該当すると考えられます。

図2-5 両極性尺度と単極性尺度の例

いることに関する自身の状態がどうであれば各選択肢が該当することになると思うかは，人によってかなり異なるでしょう。したがって，このようなことに関する個人差も回答を変動させることになると考えられます。また，図2-5の(a)のように，「どちらとも言えない」といった中立点を中心にして，意味的に対をなす概念の強度が両方向に対称的に強くなっていくように構成されている尺度を**両極性尺度**（bipolar scale），(b)のように，なんらかの特性の強度が無である状態を一方の端に置き，そこからその特性の強度が一方向のみに強くなっていくように構成されている尺度を**単極性尺度**（unipolar scale）と言いますが，特に単極性尺度に関しては，「まったく～でない」といった無の状態を表わす選択肢に対するとらえ方が人によってかなり異なるものと考えられます（たとえば，図2-5の例で言えば，「まったく好きでない」という選択肢を「必ずしも嫌いなわけではなく，単に，好きだとはまったく思っていないことを意味している」ととらえる人と「嫌いだと思っていることを意味している」ととらえる人がいる，ということです）。

③ 時々の気分：快適な気分のときは，楽しかった過去の出来事を思い出したり，物事を肯定的な方向に解釈したりしやすいのに対して，不快な気分のときは，同様の不快な気分になった過去の出来事を思い出したり，物事を否定的な方向に解釈したりしやすいことが知られており，このような「時々の情緒状態に沿った想起や解釈や判断をする現象」を**気分（ムード）一致効果**（mood congruence effect）と呼んでいます。この現象から

考えると，時々の気分という変数も，内省に影響を与える要因だと言えるでしょう。ただし，時々の気分がランダムに変動するものだと考えれば，これは偶然誤差を生じさせる要因だとも言えるでしょうが，たとえば，人によって（特に，質問紙に回答する場面において）快適な気分（ないし，不快な気分）のなりやすさが異なるのであれば，系統誤差を生じさせる要因だと言えると思います（気分一致効果については，具志堅，2009などを参照してください）。

④ **井の中の蛙効果**：人は，自己の学力について評価する際，身近な他者との比較に基づいて（言い換えれば，身近な他者の学業達成を拠り所として）それを行なうこと，そして，その結果，実際には同じ学力（ないし，共通のテストの成績が同じ）であっても，学力が高い者ばかりで構成されている学校やクラスに属していると，学力が低い者ばかりで構成されている学校やクラスに属している場合に比べて，自己評価が低くなってしまうことが報告されています。このような現象は，**井の中の蛙効果**（big-fish-little-pond effect）と呼ばれており，自己の学力に関する内省が，客観性が高いと考えられる実際の学業成績だけに規定されているのではないことを示しています。もっとも，そのような学力に関する主観的な評価である学業的自己概念を検討の対象にしているのであれば，井の中の蛙効果が介在したデータに基づいてなんらかの主張をすることは，妥当性が低いとは言えないと考えられます。しかし，村山（2011）が指摘しているように，学習意欲に関する質問紙尺度による測定においても同様の現象が生じているであろうにもかかわらず，PISA 調査などにおいて，このことを踏まえずに，学習意欲の国家間の違いが論じられたり，日本の生徒の学習意欲の低さが問題視されたりしていることは，妥当ではないと考えられます[25]。

次に，主に回答時（言い換えれば，反応をする際）に働くと考えられる要因についてですが，社会心理学における自己呈示ないし印象管理や虚偽に関する

---

25) 井の中の蛙効果については，外山（2008）を参照してください。

研究が示唆しているように，人は，内省したこと，認知していることを，必ずしも正直には回答しないものです。また，意図的ないし意識的ではなくても，回答時に種々のバイアスが介在することは十分にあり得ると思います。

このような回答上のバイアス（ないし，広くは，反応傾向と呼ばれるもの）の代表例としては，次のようなものがあります（ここでは，特に自己報告型の質問に対する回答に関わるであろうものについて記します）。

① 黙従傾向：これは，先にも記したように，質問の内容にかかわらず肯定的な回答をする傾向です[26]。

② 社会的に望ましい回答をする傾向：「困っている人を助けようと思いますか」とか「一生懸命勉強しようと思いますか」というような社会的に望ましい内容の質問には肯定的な回答をし，「人を殴りたいと思うことがありますか」というような社会的に望ましくない内容の質問には否定的な回答をする傾向です。ただし，「社会的に望ましい（であろう）回答＝自己について肯定的な評価をしていることになる回答」であるとは限りません。なぜならば，「高慢だ」とか「自慢たらしい」とか「言い訳がましい」などといった印象を抱かれることが懸念されるような場合には，「自己卑下」とか「控えめ」とか「謙遜」といった言葉が該当するであろう「（表面的には）自己について否定的な評価をしていることになる回答」が「社会的に望ましい（であろう）回答」であることになると考えられるからです（ただし，先にも記したように，このような回答上のバイアスは，必ずしも意図的ないし意識的な過程によって生じるものではないと考えられます）。

---

[26] 黙従傾向に関しては，肯定的な回答をした場合に高い得点を与える項目（たとえば，学習意欲について測定する際の「一生懸命勉強しようと思う」というようなもの）と否定的な回答をした場合に高い得点を与える項目（「勉強はおもしろくないと思う」というような，逆転項目と呼ばれるもの）を同程度ずつ用いることによって，その効果を相殺して，それによるバイアスを低減させる，といった対処が可能です。ただし，内容によっては，逆転項目の文が否定文になるためにわかりにくいものになってしまったり，「私は，取るに足らない人間である」とか「○○のことが嫌いだ」などといった倫理的に問題がある可能性が高いものになってしまうために，逆転項目を含めない（ないし，半々ずつにはしない）ようにした方が望ましいと考えられる場合もあります。

③ 極端な回答をする傾向：程度の異なる複数の選択肢がある尺度を用いた質問において，尺度のいずれかの極に位置する選択肢を選ぶ傾向です[27]。

ただし，これらの回答上のバイアスがすべての人に同様に働くのであれば，多くの心理学的研究においては，問題は生じません。問題なのは，これらの反応傾向に個人差があり，そのために，先に記したような擬似相関や擬似無相関が発生することです。もう少し具体的に述べると，多くの社会調査においては，変数間の関係だけでなく，各変数における単純集計の結果（すなわち，回答者全体での平均値や度数分布の様相）も重要になるでしょう。そして，当然のことながら，単純集計の結果は，反応傾向に個人差がなく，どの人にも一定のバイアスが生じる場合にも，その影響を受けます。しかし，心理学的研究においては，単純集計の結果が問題になることはまれであり，通常は変数間の関係について検討することが目的になります。そして，回答上のバイアスがすべての人に同様に働くということは，［2-7］式ないし［2-8］式における b が一定であるということであり，そうであれば，e の影響を除けば，真値（t）における対象間の差異と測定値（o）における対象間の差異は完全に一致することになるので，他の変数との関係は変わりません（これは，「t に一定の b を足すということは線形変換を行なうということであり，各変数にいかなる線形変換を行なっても変数間の関係に関する分析結果はまったく変わらないので問題にはならない」というようにも説明できることです）。

---

27) 学力を測定するためのテストなどの能力検査においては，自信がある問題にしか解答しないか自信がなくても当て推量をしてとにかくすべての問題に解答しようとするかといった当て推量をする傾向や，正確性を重視してゆっくりと注意深く解答する熟慮型か速さを重視するスピード型かといった面での反応傾向の存在などが指摘されています。

■■■ちょっと余分な話 8 ııı■

自己高揚的回答をすることに対する懸念が
関与していると考えられる現象

　心理学的研究においては,「自己に対する評価や態度の肯定性・否定性」と言えるであろう構成概念を想定し, 通常, 自尊心ないし自尊感情と呼んでいます。独立変数としても従属変数としても検討の対象になることが多いものであり, それ（ないし, それに類した特性）を測定するための質問紙尺度が複数開発され, 使用されています。

　さて, 岡田・小塩・茂垣・脇田・並川（2015）によれば, これらの質問紙尺度を使って自尊心の性差について検討している多くの研究の結果に関して, メタ分析と呼ばれる統計手法を適用して統合すると, 効果量は小さいものの,「一般に, 男性の方が女性よりも自尊心（得点）が高い」ということになるようです。しかし, 筆者は, このような性差は,（本来の測定対象である）自尊心に関して性差があること（だけ）によるのではなく,「少なくとも人並みには, 価値のある人間である」とか「色々な良い素質をもっている」（清水, 2001 参照）といった肯定的内容の項目に回答する際に「それらのことが自分にあてはまる」という自己高揚的回答をすると,「うぬぼれている」とか「謙虚でない」などと思われてしまうのではないかといった懸念が女性においてより強く働くために生じた擬似的な現象ではないかと思っています（ただし, これは, 先にも記したように必ずしも意識的過程によるものではなく, 後掲の鈴木・山岸, 2004 が「内面化されたデフォルトの適応的な方略」というとらえ方をしているように, 回答に際して匿名性が保たれているような状況でも機能する, 無意識的・自動的・習慣的過程による面が大きいと考えられます）。また, 年齢差に関しても,「小学校の中学年から, 高学年, 中学生へと年齢が進むにつれ, 自尊心ないし自己価値に関わる得点が低下すること（川畑・石川・近森・西岡・春木・島井, 2002；桜井, 1983）」や「成人よりも中高校生の方が自尊心の得点が低いこと（小塩・岡田・茂垣・並川・脇田, 2014）」が報告されていますが, このような現象に関しても,「中高校生の頃は, 特に, 自己高揚的回答をすることに対する懸念ないし抵抗が顕著になるために, 肯定的内容の項目において"あてはまる"という方向の回答が抑制され, 上記のような結果になった」というような解釈をすることができるのではないかと考えられます。もちろん, 現時点では, 以上のことは筆者の推論にすぎません。しかし, 以上の例から示唆されることとして,「測定の妥当性の検証においては, 筆者が考えたような"本来の測定対象である構成概念に即した解釈ではない解釈"を否定するためのデータを得ようとすることも重要になる」ということを認識しておいてほしいと思います（このことについては,「測定の妥当性について検討する際の留意点・望まれる姿勢」という項で, もう一度, 言及します）。

それから,「多くの人が,自分は平均的ないし一般的他者に比べて望ましい特性を有していると認知する傾向」を**平均以上効果**（above-average effect）と言いますが,鈴木・山岸（2004）は,この平均以上効果を題材にして,次のような研究を行なっています。

まず,彼らは,大学生に「総合認知能力テスト」と称する,20個のテストを受けてもらいました。そして,その終了直後に,各参加者に,「自分の成績が自分の大学の平均値を上回っていると思うか,下回っていると思うか」という判断を求めました。ただし,このような判断を求める際の状況として2つの条件があり,一方の条件では,実験への参加報酬が一律であり,報酬に関する特別な教示が行なわれなかったのに対して,他方の条件では,「判断が正しい場合には実験への参加に対する報酬を増額する」という教示が行なわれました。

結果は,報酬に関する特別な教示をしない場合には,半数以上（110人の中の72%）の参加者が「自分の成績は平均値よりも下回っている」と回答した（したがって,全般的には平均以上効果に反する自己卑下的回答がなされた）のに対して,判断が正しかったら報酬を増額するという教示をした場合には,逆に半数以上（52人の中の69%）の参加者が「自分の成績は平均値よりも上回っている」と回答した,というものでした（もちろん,比率の条件間差は統計的に有意でした）。そして,このような結果に関して,彼らは,日本人の「ホンネ」の自己評価は欧米人と同様に自己高揚的であるが,なんらかの方略的な行動を意図的に選択するための情報が存在しない場合やそのような行動を選択することを促す十分な誘因が存在しない場合には,日本人は「内面化されたデフォルトの自己呈示方略」として自己卑下的呈示をする,というような解釈をしています（鈴木・山岸,2004の実験状況の場合,報酬の増額が誘因に該当すると考えられます）。すなわち,「日本人は,一般に,"この状況においては,自分のことをどのように評価した表明をすることが適応的か"といったことに関わる手がかりが特にない場合には,なんとなく自己卑下的呈示をしてしまいがちである」ということであり,このような鈴木・山岸（2004）の研究も,自己高揚的回答をすることに対する懸念が質問紙への回答に影響を与えているであろうことを示唆していると考えられます（ただし,このような影響を受ける程度には同一国内でも個人差があり,それが各国で実施される研究における測定の妥当性に問題を生じさせているものと考えられます）。

━━━━━━━━━━━━━━━━━━━━━━━━━━━━━━━━━━━━━━━

■■■ちょっと余分な話9 ━━━━━━━━━━━━━━━━━━━━━━━━━━━

単極性尺度に中立点はあるか？

単極性尺度において,選択肢が「すごく〜」,「やや〜」,「どちらとも言えない」,「あまり

〜でない」,「まったく〜でない」などというようになっているものをよく見かけます。読者のみなさんは,このようなものに対して,何か違和感を覚えないでしょうか。

単極性尺度というのは,先に記したように,なんらかの特性の強度が無である状態を一方の端に置き,そこからその特性の強度が一方向のみに強くなっていくように構成されている尺度です。ということは,本来,単極性尺度においては,「どちらとも言えない」などというような中立点は存在しないのではないでしょうか(言い換えれば,意味的に対を成す概念の強度が両方向に対称的に強くなっていくように構成されている尺度である両極性尺度であるからこそ,「どちらとも言えない」という選択肢が適合するのではないでしょうか)。こんなふうに考えているため,筆者は,単極性尺度であるはずのものにおいて「どちらとも言えない」という選択肢が含まれていると,違和感を覚えてしまいます。

ただし,このようなことにも多分に曖昧な面があり,あてはまりの程度などに関して,「あてはまるとも,(積極的に?)あてはまらないとも,言えない」という判断があると考えるのであれば,「(明らかに)あてはまる」,「どちらかと言えばあてはまる」,「どちらとも言えない」,「どちらかと言えばあてはまらない」,「(明らかに)あてはまらない」などといった選択肢にすることは,不適切ではないのかもしれません。いずれにせよ,前例を無批判に踏襲せずに,こういったことについても自分なりに考えてみてほしいと思います。

なお,以上のことに関連して,筆者は,単極性尺度においては,「〜(で)ない」といった否定の意を表わす言葉が最後に付されている選択肢の数と,そうではない,肯定的選択肢の数を,必ずしも同じにする必要はないと思っています。また,肯定的選択肢に付ける副詞と否定的選択肢に付ける副詞が対称的になっている必要もないと思っています(「同じ(ないし,対称的)にしなければならない」と思ってしまう人がたまにいるので,あえて記しました)。

質問内容についての内省可能性
:回答者の内省能力に対する楽観視?

唐突かと思いますが,まず,実際に行なわれたものとして論文などに記されていた以下の質問に目を通してください(わかりやすさを考えて,一部,表現を変えてあるものがあります)。

・あなたは,感情を素直に表わしていますか。
・「顔の表情や話し方から,私がどう感じているかが,人に伝わる」というこ

とは，あなたにどの程度あてはまりますか。
- 「相手や場に応じた言葉を使う」ということは，あなたにどの程度あてはまりますか（小学5，6年生に対して行なわれた質問）。
- 「自分が調べてみたいことについて，見通しのある活動の計画を立てることができる」ということは，あなたにどの程度あてはまりますか（小中学生に対して行なわれた質問）。
- 「イライラしているときでも，まわりの人の意見を冷静に聞くことができる」ということは，あなたにどの程度あてはまりますか（小中学生に対して行なわれた質問）。
- あなたが人を助けたり助けなかったりする理由として，以下のことは，どの程度あてはまりますか。
- あなたは，先生に殴られたら，どんなふうに思いますか。

　あなたは，以上のような質問をされたとき，的確に内省できる自信がありますか（この質問も内省可能性が低い質問かもしれませんね：＾＾）。筆者は，どの質問も回答者にとって内省が非常に困難であろうと思います。

　認知心理学や社会心理学などにおいては，人間の認知や感情や行動の自動性・無意識性が論じられ，そのような心のメカニズムの存在を例証している研究が数多く報告されていますが，人間の認知や感情や行動が自動的・無意識的に生じている面が強いものであるならば，それらについての内省は，多くの場合，容易ではないと考えられます。しかし，現実には，このようなことが踏まえられておらず，多くの心理学的研究において，回答者にとって内省が極めて困難だと考えられる，上記のような「意識せずに自動的になされていることが多いであろうことなどに関する質問」が多々行なわれています。質問紙尺度というものは，基本的に，問うている内容について回答者が的確に内省できることを前提にして作成されているはずです。ですから，質問内容が回答者にとって的確に内省することが困難なものであれば，測定の妥当性に顕著な問題が生じる可能性が高くなると考えられます。

　「行動や認知や感情の動機」とか「ある状況下での非言語的行動」といった，特に回答者が日常明確に意識しているとは思われない内容や，回答者が経

験したことのない事柄について回答を求めるような質問などは，もともと記銘されていない可能性が高いのですから，的確に内省することはできないと思います（上記の例の中で言えば，最後に提示した質問に対する内省可能性について推察するために筆者が学生さんたちに何度か問うてみたところ，先生に殴られたことがある人よりも，殴られたことがない人の方が，圧倒的に多いようです）。また，『状況の手がかりや他者の行動に基づいて，自分の表出行動や自己提示が適切であるかを観察し適切であるように統制すること』（沼崎，1994）であるセルフ・モニタリング（self-monitoring）を行なう傾向の強さに関する個人差を測定するための自己報告型の質問紙尺度が作成されていますが，私には，セルフ・モニタリング傾向の低い人が，自分がセルフ・モニタリングをあまり行なっていないことをモニターできるとは思えません。すなわち，このような構成概念を自己報告型の質問紙尺度によって測定しようとすることには本来無理がある（というよりも，理論的に矛盾している）ように思います。それから，日常意識していて記銘されていたはずの事柄でも，保持の過程で忘却や種々の要因による変容が生じることは十分にあり得ると思います。

　以上のような「質問内容に対する内省可能性」ということについて，もう少し慎重に考えてみる必要があるのではないでしょうか（もちろん，以上のような批判が該当しないものも多々あるとは思っています）。

■■■ちょっと余分な話10 ||||||||||||||||||||||||||||||||||||||||||||||||||||||||||||||||||||||||■

自身の好みについての内省
（「私は面食いじゃない」って言うけれど…）

　筆者は，例年，ゼミの学生さんたちに種々のことを認識してもらうために，当人たちを対象として以下のようなデータを収集し，その結果が示唆することについて説明をしています。

　1．明石家さんま，小栗旬，イチロー，江頭2：50などといった男性著名人（24人）について，「好き－嫌い」，「ルックスが良い－ルックスが良くない」，「温かい－冷たい」，「知性的－非知性的」，「誠実－不誠実」の5項目に関する評定を求める（いずれも両極性尺度であ

り，回答の選択肢は，「ものすごく」，「かなり」，「やや」，「どちらとも言えない」，「やや」，「かなり」，「ものすごく」の7つです)[28]。

2．上記の評定直後，以下のA，Bの質問をし，評定する際の自身の心理についての内省に関する回答を求める。

A．先ほど評定した24人の男性著名人に対する自身の好き嫌いの感情が，「相手がルックスが良いか，良くないか」，「相手が温かいか，冷たいか」，「相手が知性的か，非知性的か」，「相手が誠実か，不誠実か」の各々の事柄によって，どの程度強く左右されていたと思うか（回答の選択肢は，「ものすごく左右されていた」，「かなり左右されていた」，「わりと左右されていた」，「やや左右されていた」，「ほとんど左右されていなかった」，「まったく左右されていなかった」の6つです）。

B．先ほど評定した24人の男性著名人に対する自身の好き嫌いの感情と相手のルックス，温かさ，知性，誠実さについての認知が，どのような関係になっていると思うか（回答の選択肢は，ルックスの場合で言えば，「全般に"ルックスが良いと思った男性ほど好いている"傾向になっていると思う」，「全般に"ルックスが良いと思った男性ほど嫌っている"傾向になっていると思う」，「"ルックスが良いか，良くないか"は，好き嫌いと（ほとんど）関係していないと思う」，「"ルックスが良いか，良くないか"と好き嫌いの間には，最初の2つ以外の複雑な関係があると思う」の4つです）。

さて，ある年の15人の女子学生から得られたデータについて，まず，学生ごとに，「24人の男性著名人に対する好意度（好き‐嫌い）に関する評定値」と「ルックス，温かさ，知性，誠実さの各々に関する評定値」の相関係数を算出しました（学生ごとに算出したのですから，この場合の1つひとつの相関係数の算出に用いたデータ数は，評定対象となった男性著名人の人数である24です）。これは，当人が自覚しているかどうかはともかくとして，「（実際の評定結果に基づくならば）あなたには，○○だと強く思った人ほど，その人のことを好いている（ないし，嫌っている）傾向がありますよ」といったことを示すものです。すなわち，たとえば，ルックスについての認知と好意度の関係で言えば，相関係数が正の大きな値であるということは，「ルックスが良いと思った男性ほど好いている傾向が顕著である（したがって，説明の便宜上，"ルックスについての認知→好意度"という方向の因果関係であると想定して記述するならば，その学生はかなり面食いである）」ということを意味していることになります。

---

[28] 評定対象である男性には失礼なことになるであろう項目ばかりかもしれませんが，そこは「著名人」ということで不問にさせてください。

表2-3 自身の心理についての内省の危うさを例証しているデータ

学生 No.	Aの内省[†]				Bの内省[††]				認知と好意度の相関係数[†††]			
	ル	温	知	誠[††††]	ル	温	知	誠	ル	温	知	誠
1	4	2	3	4	1	3	3	1	.46	.74	−.24	.03
2	5	5	2	4	1	1	3	1	.61	.08	.14	.29
3	4	4	2	6	3	1	3	1	.81	.31	.44	.11
4	4	3	3	2	1	1	1	3	.58	.29	.06	.17
5	2	6	3	5	3	1	3	4	.65	.54	.23	.35
6	2	6	3	4	1	1	1	1	.61	.41	.08	.23
7	4	3	2	2	1	3	3	1	.61	.25	.22	.37
8	2	4	3	4	3	1	3	3	.41	.55	.21	.47
9	4	2	3	6	1	3	1	1	.59	.71	.49	.54
10	5	4	3	2	1	4	3	1	.67	.56	.41	.62
11	4	5	2	3	3	1	3	3	.59	.57	.73	.61
12	5	2	2	5	1	3	4	1	.53	.33	.48	.63
13	5	2	1	2	1	3	3	1	.59	.50	−.12	.49
14	5	2	2	3	1	3	3	3	.31	.49	.21	.15
15	4	3	4	4	1	4	3	1	.70	.68	.25	.60

[†] 数値が大きいほど，好意度が各特性についての認知に強く左右されていたと回答したことを意味しています（具体的には，6：ものすごく左右されていた，5：かなり左右されていた，4：わりと左右されていた，3：やや左右されていた，2：ほとんど左右されていなかった，1：まったく左右されていなかった，です）。

[††] 自身における「好意度と各特性についての認知の関係」がどのようになっていると思うかに関する回答であり，ルックスの場合で言えば，1：全般に"ルックスが良いと思った男性ほど好いている"傾向になっていると思う，2：全般に"ルックスが良いと思った男性ほど嫌っている"傾向になっていると思う，3："ルックスが良いか，良くないか"は，好き嫌いと（ほとんど）関係していないと思う，4："ルックスが良いか，良くないか"と好き嫌いの間には，最初の2つ以外の複雑な関係があると思う，です。

[†††] 学生ごとに算出した，「24人の男性著名人に対する好意度に関する評定値」と「各特性に関する評定値」の相関係数です。

[††††] ル：ルックス，温：温かさ，知：知性，誠：誠実さ，です。

次に，「各特性についての認知と好意度の関係が，実際の評定においてどのようになっているか」ということを示す以上のような相関係数の値と，このようなことについて当人に内省を求めた結果の対応関係について検討するために，これらを表2-3にまとめてみました。そして，まずは，各学生において，算出された相関係数と内省された結果の対応関係について検討したところ，以下に例示するような，内省の危うさを示す結果が多々認められました[29]。

・No.1の学生においては，好意度についての評定が温かさについての認知にほとんど左右されていなかったと内省しているとともに，「"温かいか，冷たいか"は，好き嫌いと（ほと

---

[29] ただし，評定値間の相関係数から推測されるものが絶対的に妥当だとは言えないと思います（たとえば，相関係数には反映されない曲線的関係が存在するかもしれませんし，『補足本I』の42〜50ページの「擬似相関と擬似無相関」の項に記したような，第3の変数の影響によって当該の2変数間の関係が攪乱されている可能性などもあり得ると思います）。

んど）関係していないと思う」と内省しているにもかかわらず，好意度に関する評定値と温かさについての認知に関する評定値の相関係数は .74 になっている（しかも，この学生における4つの相関係数の中で，これが最も大きな値である）。また，好意度と誠実さについての認知の関係に関しては，逆に，「わりと左右されていた」および「全般に"誠実だと思った男性ほど好いている"傾向になっていると思う」と内省しているにもかかわらず，好意度に関する評定値と誠実さについての認知に関する評定値の相関係数は .03 でしかない。

- No.2 の学生においては，好意度と温かさについての認知の関係に関して，「かなり左右されていた」および「全般に"温かいと思った男性ほど好いている"傾向になっていると思う」と内省しているにもかかわらず，好意度に関する評定値と温かさについての認知に関する評定値の相関係数は .08 でしかない。
- No.3 の学生においては，"ルックスが良いか，良くないか"は，好き嫌いと（ほとんど）関係していないと思う」と内省しているにもかかわらず，好意度に関する評定値とルックスについての認知に関する評定値の相関係数は .81 になっている（しかも，この学生における4つの相関係数の中で，これが突出した値になっている)[30]。また，好意度と誠実さについての認知の関係に関しては，逆に，「ものすごく左右されていた」および「全般に"誠実だと思った男性ほど好いている"傾向になっていると思う」と内省しているにもかかわらず，好意度に関する評定値と誠実さについての認知に関する評定値の相関係数は.11でしかない（しかも，この学生における4つの相関係数の中で，これが最も小さな値である）。
- No.5 の学生においては，好意度とルックスについての認知の関係に関して，「ほとんど左右されていなかった」および「"ルックスが良いか，良くないか"は，好き嫌いと（ほとんど）関係していないと思う」と内省しているにもかかわらず，好意度に関する評定値とルックスについての認知に関する評定値の相関係数は .65 になっている（しかも，この学生における4つの相関係数の中で，これが最も大きな値である)[31]。

それから，「A の内省に関する評定値の学生間の差異」と「個人ごとに算出された上記の相関係数（の絶対値）の学生間の差異」の対応関係について検討するために，両者の間の相関係数を，4つの特性ごとに算出しました（ここでの1つひとつの相関係数の算出におけるデータ数は，評定者となった学生の人数である15です）。その結果，相関係数の値は，ルックスが－.03，温かさが－.25，知性が－.07，誠実さが－.12でした。したがって，いずれの特性においても，「その特性についての認知と好意度が実際に強く関係している学生ほど，

---

[30] これは，見出しに副題として記した「私は面食いじゃない」って言うけれど…，ということが該当する結果であり，次のNo.5の学生のデータも同様のことを示していました。ただし，「面食いであることが悪い」などと言うつもりはありませんので，悪しからず。

[31] 他の学生においても同様のことが多々認められましたが，冗長になるので，これ以上は記さないでおきます。

その特性についての認知が好意度を強く左右していると内省している」というような対応関係は，まったくと言ってよいほど認められませんでした。

　さて，以上は，まず各学生において「4つの特性についての認知と好意度がどのような関係になっているのか」ということについて推測するための評定を求め，その直後に，その評定の際の自らの心理について内省を求めたデータを分析した結果です。そして，そうであるにもかかわらず，評定結果を分析したものとそれについての内省の間には，顕著な齟齬が多々認められました。したがって，以上の結果は，「自身の心理についての内省がいかに危ういものであるか」ということを例証していることになると思います。

　なお，この項で提示したデータは，『ちょっと本Ⅲ』の3章で論じることを認識してもらうためのものでもあります。

■■■ちょっと余分な話11 ||||||||||||||||||||||||||||||||||||||||||||||||||||||||||||||||||||||||||||||||||||||||||||||||||||||■

場面想定法

　測定の妥当性の問題に関わることとして，標記のことについても触れておきたいと思います。

　　あなたは，「遊びに入れてほしい」と言いましたが，少し待つように言われ，待っていても入れてもらえませんでした。このとき，あなたは，どんな気持ちになると思いますか（回答の選択肢は，「悲しい」，「不安」，「腹が立つ」，「いやだなあ」，「入れてくれないだろうな」の5つです）。

　　○○さんは，ある課題にとても興味をもっていて，うまくなるために努力したいと思っています。また，その課題は，うまくやると，まわりの人々から「すばらしい」と賞賛されるような課題です。○○さんのやる気の強さはどれくらいだと思いますか。

　上記の質問は，いずれも，ある研究において実際に行なわれたものです。これらのように，「特定の状況についての説明をし，自分（ないし，他者）がそのような状況に置かれたら，どのように考えたり，どのような気持ちになったり，どのように行動するであろうかを想像して回答してもらう」という手続きでデータを収集する研究法を，**場面想定法**（imaged scene method）と言います。

場面想定法による実験では，提示文の一部を変えることによって独立変数の操作がなされるので，同時に多くの変数や条件について検討することができます。また，データ収集が容易で大量のデータが得られるために統計的検定の結果が有意になりやすく，なんらかの結論が主張しやすい，という利点（に見える面）があります。さらに，提示する状況が参加者にネガティブな影響を与える可能性が強いものである場合，実際にそのような経験をさせないで済むという，倫理面でのメリットもあると言えるでしょう。しかし，場面想定法を用いた場合，人がそれぞれの状況下で，実際にどのように考えたり，どのように感じたり，どのように行動したりするかではなく，それぞれの状況における人間の認知や感情や行動について私たちがどのように思っているかが測定されていることになります。すなわち，場面想定法による研究は，「人間の心や心が関連しているであろう行動に関する参加者の知識や信念が測定の対象になっている」と言えるであろうものです。

　心理学的研究において研究者が通常検討したいことは，人が実際にどのように認知したり，どのように感情を抱いたり，どのように行動したりするかについてであり，これらのことに関する私たちの知識や信念ではありません。そして，「人間の認知や感情や行動などについての参加者の知識や信念である**素人理論**（lay theories）を測定して，それを人間の認知や感情や行動などについての事実であるとみなし，その結果に基づいて人間の心のメカニズムの現実に関する理論を構築する」というような，素人理論の心理学の理論への短絡的なすり替えと言えるであろうことを行なっているのでは，心理学者にとって，自己の存在価値を否定することになりかねないと思います[32]。また，このような研究からは通常（「へえー」といった思いを生じさせてはくれない）常識的でおもしろみに欠ける結果しか期待できないでしょうし，参加者の人たちを現実に所定の状況下に置いて「実際に試す」ことをした実験の結果と素人理論の間には顕著な乖離があることが多くの研究で示されています[33]。たとえば，ミルグラム（Milgram, S.）を中心に行なわれた服従の心理に関する実験の結果が，精神科医や心理学者を含む多くの人たちの予想から大きく逸脱したものであることは有名な話ですし，村山（2015）には，私たちが人間の認知に関して事実（より正確に言うならば，実際の実験結果で示されていること）に反する知識や信念を多々有していることが紹介されています[34],[35]。また，沼崎・工藤（2003）では，「実際に試す」ことをした実験の結果と，それと同様のことを場面想定法による実験で検討した結果が食い違うことが例証されています。

　もちろん，「素人理論が常に誤っている」などと言うつもりはありません。というより

32）素人理論については，ファーナム（1992）を参照してください。
33）残念なことに，「常識的で，予想した通りの，解釈のしやすい結果が良い結果である」かのように思っているのではないかと推察される研究に遭遇することがあります。
34）服従の心理に関する研究については，ミルグラム（1980）を参照してください。
35）工藤（2009）には，想像上の回答が実際の人々の反応と食い違うことを例証した，筆者が例示したものとは別の研究が紹介されています。また，工藤（2009）では，「なんらかの働きかけや刺激の提示などを実際に行なった上で，従属変数の測定は質問紙法によって行なう」質問紙実験と呼ばれる実験と場面想定法による実験の相違（すなわち，「質問紙法＝場面想定法」ではないこと）が解説されています。

も，実際には，「世の中，常識通り」ということの方が多いのかもしれません。しかし，当然のことながら，研究は常識に箔を付けるために行なうものではないのであり，常識的ではないことを主張しようとしているからこそ，理論だけでなく，その理論に沿った事実の存在を提示することが必要になるのだと思います。以前に比べると，場面想定法を用いた研究を見かけることが減ったように思われますが，以上のようなことを踏まえ，コストは大きくても「実際に試す」ということが実証的研究の基本であるという当然のことを肝に銘じておいてほしいと思います。

なお，素人理論に関して検討することそのものが目的であるならば，場面想定法は，多くの場合，自然かつ適切な方法だと思います。また，素人理論に関して検討することが目的でない場合でも，検討する内容によっては，場面想定法によって得られた結果がそれほど妥当性の低いものではないこともあるとも思います。

ちょっと余分な話12

心理学的研究の知見を踏まえることの必要性

研究遂行中の参加者の認知や感情や行動も，基本的には，他のさまざまな場面における人間の認知や感情や行動と同様のメカニズムによって規定されていると考えられます。ですから，元来は研究法に関することの検証を目的としたものではない心理学的研究についても，研究法との関連を意識しながら学習し，それらを研究遂行上の留意点として踏まえておくことは大切だと思います。

たとえば，調査や面接などで質問されることについて参加者が必ずしも的確に内省できるわけではないことは，先に記したように，人間の認知や感情や行動の自動性・無意識性に関する研究や記憶の変容に関する研究などで明らかにされてきたことから十分に推測できることです。また，社会的に望ましい回答をする傾向や，自己卑下的ないし謙遜した回答をする傾向などの，自己報告型の質問紙尺度などを用いた測定における反応バイアスの問題も，自己呈示ないし印象管理や虚偽などに関する研究で検証されてきた知見から多分に推測できることです。しかし，そうであるにもかかわらず，このようなことに非常に無頓着だと推察される研究が散見されます。さらに，先に記した服従の心理に関する研究や，ジンバルド (Zimbardo, P.) らによって行なわれた模擬刑務所実験，ラタネ (Latané, B.) らによる傍観者効果に関する研究などの社会的行動に関する多くの研究では，人間の認知や行動が，そ

の人がどのような状況に置かれているのかによって大きな影響を受けていることが例証されています。これらは，認知や行動の「同一個人内の状況間変動」の大きさを示していると言い換えられるものですが，このようなことを踏まえずに（状況を越えた属性としての）個々人の一般的傾向について問うていることになる，参加者にとっては「そんなふうに問われても，時と場合によって違うのに…」ということで内省が困難であろう質問も多々行なわれています[36]。

それから，児童・生徒の行動や学業成績などが教師からの期待の影響を受けるのと同様に，実験などにおける参加者の行動も実験者からの影響を受けることが知られています（ローゼンサール・ロスノウ，1976 参照）。

また，研究という活動は，人間の情報探索および情報処理活動の一種ですから，多くの心理学的研究で明らかにされてきたそれらの活動のアンクリティカルな面の多くは，研究者の活動にもあてはまるはずです。たとえば，『補足本Ⅱ』の 14～15 ページで提示した 4 枚カード問題に対する参加者の一般的な反応は，反証情報よりも確証情報を得ようとすることである，選択的情報探索がなされがちであることを例示していると考えられますが，研究者は，自身も同様の傾向を有している可能性が多分にあることを自覚しておくべきだと思います。さらに，（偏った）少数事例に基づいて過度の一般化をしがちであることや，推論ないし解釈と事実を混同しがちであること，統計的検定の問題点に関連したこととして『補足本Ⅱ』の 148～150 ページに記した不当な 2 分法的思考をしがちであること，選択的情報探索のみならず，『補足本Ⅱ』の 13～14 ページの「ちょっと余分な話 1」に記したような選択的情報処理もしがちであることなどなど，踏まえておくべきことは非常にたくさんあると思います。

残差得点の有効利用

図 2-2 の②に示したように，観測変数が本来の測定対象である構成概念以外の変数によって特定の影響を受けていることは，測定の妥当性の低下をもたらす要因の 1 つでした。また，このことに関連して，［2-7］式または［2-8］式における b_x または b_y の値がどの対象においても一定ではなく，対象に

---

[36] 質問内容についての内省可能性および反応バイアス問題に関しては，山田（2015）を読むことをおすすめします。また，模擬刑務所実験については，Haney, Banks, & Zimbardo（1973）などを，傍観者効果に関する研究に関してはラタネ・ダーリィ（1977）を参照してください（岡本，1986 には，これらのいずれについても，わかりやすい紹介がなされています）。

よって異なっていることが問題であることを説明しました。そして，それは，b の値が対象によって異なっていると，本来の測定対象である構成概念の値（t）が同じでも，観測変数の値（o）が異なってしまうことや，t の値が対象によって異なるにもかかわらず，それを相殺するように b の値が対象間で異なっているために，o の値に違いがなくなってしまうことが生じるからでした。

さて，上記のようなことであれば，b の値が対象間で異なることによって o の値が変動している部分を補正することができれば，o が t をより的確に反映したものであることになるはずです。すなわち，「b の値が大きいほど，o の値が大きくなる」という関係が存在する場合で言えば，b の値が大きい対象については，その分を割り引いた o の値を求め，逆に b の値が小さい対象については，その分を割り増した o の値を求めて，それを指標にすればよい，ということです。そして，それは，「b の値がすべての対象において一定であったとすれば，各対象の o の値はいくらであったと推測されるか，ということについて考える」ということでもあります。

では，具体的には，どうすればよいのでしょうか。ここで登場するのが，回帰分析における予測の誤差（残差）という変数です。32〜39ページで説明したように，予測の誤差である**残差得点**（residual score）は，説明変数の値に応じて（その1次関数として）基準変数の値が異なっていたと考えられる部分を補正したものであり，「説明変数の値を一定に統制したときの各対象の基準変数の値」と言えるものです。ですから，系統誤差を生じさせている変数である b について妥当性の高い測定を行ない（言い換えれば，o よりも b を的確に反映していると考えられる変数についてデータを収集し），それによって得られた測定値を説明変数，本来の測定対象である構成概念を測定するための観測変数の値（o）を基準変数とする回帰分析を行なって，（o の値そのものではなく）その際の残差得点である $o - \hat{o}$ を指標とすれば，b の値を一定に統制したときの o の値が求まるのですから，t についての，より妥当性が高い測定をしていることになると考えられます[37]。

---

37) ただし，実際には，b について妥当性が高いと考えられる測定をすることは必ずしも容易ではありません（たとえば，黙従傾向や社会的に望ましい回答をする傾向などの個人差の測定は容易ではないと思います）。

35ページに,「誤差というと望ましくないものであるようなイメージを抱きがちですが,予測の誤差というものには非常に有用な面がある」ということを記しましたが,以上の「より妥当性の高い指標を得るために残差得点を活用する」ということは,このようなことの一例だと言えるでしょう。

測定の妥当性について検討する際の留意点・望まれる姿勢

残念なことに,少なくとも我が国においては,極めて安易な,型にはまった検討をしただけで,「妥当性が確認された」などという判断が下され,それでみそぎが済んだとみなしてしまっていると推察される研究が遍在(横行?)しているように思われます。そして,このような甘い判断のもとに多くの構成概念とそれを測定するための尺度が提唱ないし作成され,「類似した構成概念および尺度の乱立」とでも言えるであろう望ましからざる状況が生じてしまっているようにも思います。

このような現状を鑑み,ここでは,測定の妥当性について検討する際の留意点や望まれる姿勢といったことに関する私見を,箇条書きの形で列記します。ただし,以下に記すことは,私見といっても,基本的には,南風原(2011, 2012),平井(2006),リン(1992),村上(2003),村上(2006),村山(2012),日本テスト学会(2007),吉田(2002)などで論じられていることの筆者なりのまとめ,といったものです[38]。それから,「だったら,あなたが模範を示しなさい」と言われてしまいそうな,要求水準およびコストの高いことを多々記しますが,少しでも事態を改善したいという思いからのものであると考えて,ご容赦ください。

・まず,基本的なこととして,「直接観測できない構成概念を相手にしているがために,その測定方法の妥当性についての検討と,その構成概念に関わる理論についての検討は,本来,同時進行せざるを得ないものであるととも

---

[38] まず読むべきものとしては,南風原(2011),平井(2006),村上(2003)をお薦めします。

に，永遠の課題であると言っても過言ではない事柄である」ということを認識しておく必要があると思います。

- 「妥当性に関する1つひとつの証拠は，"その構成概念に関わる理論が正しいこと"と"その構成概念の測定方法が妥当なものであること"に反しない事象を1つ例示したものにすぎない」という認識のもとに，「質の高い証拠を，さまざまな側面から（特に，自身が用いようとしている測定方法が妥当性に関して弱いと考えられる面について），種々の方法によって，数多く蓄積していくこと」が大切だと思います。また，その際には，平井（2006）が述べているように，「自身が用いる測定方法が妥当性が高いものであることを主張するための要件を広範にリストアップしておくこと」が重要になると思います。なお，過去には，基準関連妥当性，内容的妥当性，構成概念妥当性と呼ばれる3種類の妥当性の概念が並列的に想定され，妥当性についての検討に際してはこれらの中のいずれか1つ以上の妥当性に関する証拠を示せばよいと考えられていた時期もあったようですが，現在では，妥当性という単一の概念のもとに，上記のように多くの質の高い証拠を蓄積していくことの重要性が認識されるようになっています[39]。

- 「理論的に関係があると考えられる変数との間に，想定した様相の関係が実際にあることを示したデータ」を**収束的証拠**（convergent evidence）と言います。一方，「理論的に関係がないと考えられる変数との間に，実際に関係がない（ないし，関係が弱い）ことを示したデータ」を**弁別的証拠**（discriminant evidence）と言います。我が国における測定の妥当性についての検討は，2，3の類似した変数との間に関係があることを示すという，少数の収束的証拠の提示のみにとどまっていることが多いように思います。しかし，類似した変数との間に関係があるという常識的なことを示しても，それは妥当性に関する脆弱な証拠にしかなりません。そして，先に記した「観測

---

[39] 平井（2006）は，以上のような考えに沿ったMessick（1995）による妥当性についての定義を，「妥当性とは，テストやその他のアセスメントによる得点に基づいた推論や行為の適切性について，それを支える実証的証拠や理論的証拠がどの程度あるかに関する，総合的な評価的判断である」と訳しています。

変数が本来の測定対象である構成概念以外の変数によって特定の影響を受けていないこと」という「妥当性が高い」と言えるための必要条件を踏まえるならば，収束的証拠だけでなく，弁別的証拠を提示することも重要になると思います。つまり，「図2-2における②の（あるべきではない影響として）存在が懸念されることについても多面的に考え，そのような影響がないことを確認するための検討も行なうべきだ」ということです。

- 収束的証拠に関しては，他の変数との差異性ないし弁別といったことから考えると，算出される相関係数などの値が大きいほど望ましいとは限らないと思います。なぜならば，その「他の変数」と「当該の変数」が（関係があるとしても）別のものであるならば，極端に強い関係にはならないと考えられるからです（非常に強い関係があると，両者が別の概念とはみなせないものであることになってしまうと考えられます）。このようなことから，測定の妥当性についての検討には（も），微妙かつ曖昧な面が多分にあると言えるでしょう。ただし，以下のような場合などにおいては，強い関係が示されるほど望ましいと考えられます。
  ⇒かつて予測的妥当性と呼ばれていた側面に関する証拠を提示する場合（たとえば，入学試験や入社試験の妥当性について検討するために，それらの成績と入学後ないし入社後の成績や適応状態の間に関係があることを示そうとする場合）
  ⇒ある尺度の簡略版の妥当性について検討するために，その簡略版を使って測定した結果ともとの尺度を使って測定した結果が対応していることを示そうとする場合
  ⇒なんらかの不適応状態について（簡便に）測定するために作成された（質問紙）尺度の妥当性について検討するために，その尺度を使って測定された結果と専門家が時間をかけて面接などを行なって診断をした結果が対応していることを示そうとする場合

- 村上（2003）が述べているように「妥当性について検討する際には理論が重要になる」ということも明確に認識しておく必要があると思います。なぜな

らば，理論の内容（および，そこから導出される変数間の関係についての仮説）によって，同じデータが妥当性が高いことの証拠にもなるし，逆に妥当性が低いことの証拠にもなり得るからです。

- 「"用いている尺度が，研究者が想定している y_1 という構成概念を測定しているのであって，y_1 と関係があるけれども，それとは別の変数である y_2 という構成概念を測定しているのでなければ，その尺度を使って得られた測定値は，x_1 という変数とは関係するが，x_2 という変数とはほとんど関係しないことが予測される"などというような仮説をそれぞれの構成概念の内容から演繹して導出し，それを吟味する」というような（ハードルの高い）検討も，場合によっては必要になると思います。なぜならば，このような証拠を提示しなければ，その尺度を用いた研究の結果は，y_2 という構成概念に基づいて解釈してもかまわないことになってしまう可能性があるからです。

- 以上のように（そして，『補足本Ⅱ』の13～14ページの「ちょっと余分な話1」に記したことと同様に），自身が用いる尺度をあえて反証の危険にさらす，リスキーな検討を行なうことが重要であり，このようなことを踏まえた飽くなき追求をすることと，それらの結果に基づいて尺度を修正していくことが大切だと思います（ただし，困惑させてしまうかと思いますが，一方で，尺度の改変には，「種々の研究結果の比較が困難になる」というデメリットもあると思います）。

- 各研究者が（半ば勝手に）さまざまな構成概念およびその測定法（尺度）を提唱するだけでなく，学界全体で類似した構成概念およびその測定方法の闘い・淘汰を促進させ，心のメカニズムを有効に説明するためのよりよい理論を構築していこうとすることが大切だと思います。すなわち，「自分が設定した構成概念，および，それを測定するために作成した尺度が，類似した他の構成概念および尺度に比べて，どこが＆なぜ，人間の心のしくみや働きについて理解する上で有用だと考えられるのか」といったことについて，もっと説明がなされるべきだと思います（そうでなければ，最初に記したような

「類似した構成概念および尺度の乱立状態」を是正することはできないと思います）。また，自身が作成したものを対象にしている場合に限らず，尺度を評価することを主たる目的とした研究の意義を認識し，そのような研究を積極的に行なっていくことも大切だと思います。

・誤解を避けるためにあえて記しておきますが，妥当性についての検討は，以上のようにさまざまな証拠を蓄積していくことによって少しずつ進めていくしかない事柄でしょうから，「妥当性についての検討が不十分だからといって，その研究は無意味である」などとみなすべきではないと思います。結局のところは，「以上のようなことを明確に意識して研究の実施および論文の執筆をすべきだ」と主張しているのです[40]。「構成概念（すなわち，心）についての測定がそんなに簡単にできるはずがない，そうでなければ，心理学者なんていらないし，それが心理学のむずしくてあやふやなところであるとともに，おもしろいところでもある」のだと思います（胡散臭いところだと思う人もいるでしょうが：^^）。

それでは，ここからは，以上に記したこと以外で，測定の妥当性の問題に関して認識しておいてほしいと思ういくつかの事柄について説明します。

信頼性は単一の概念で，妥当性には複数のものがある？

後述のような理由で，一般に，なんとなく標記のように思ってしまいがちですが，本来は，逆だと言った方が適切であろうことだと考えられます。

まず，信頼性に関しては，「○○信頼性」と呼ばれるものを見聞きすることがほとんどなく，通常，ただ「信頼性」とだけ言うので，信頼性は単一の概念である（言い換えれば，信頼性ということに関わって検討すべき事柄は1つで

---

[40] ただし，問題を認識しているにもかかわらず，安易に（？）同じ尺度を使い続けていると推察される場合などは，いかがなものかと思います。

ある）と思われがちであるように思います。しかし，一言で信頼性といっても，以下に記すような複数の側面に関する偶然の影響（偶然誤差）が測定に同時に関与している可能性が高く，そうであるならば，それぞれの側面に関する結果の安定性（誤差の小ささ）について検討すべきである（ないし，各側面を総合した偶然誤差の影響について考える必要がある）と思います[41]。

　（1）各対象についての測定がいつ（どのような状況で）実施されたか，そのときの各対象の心身の状態はどうであったか，などといったことに関わる偶然性

　たとえば，短距離の走力を測定するために，実際に一定の短い距離を走ってもらい，そのタイムを測定値とする場合，各自が走る際にどの程度の追い風ないし向かい風が吹いていたかは偶然のみによって左右されているでしょうから，それによる測定値の変動は偶然誤差だとみなすことができると思います。また，各対象の心身の状態が測定時にたまたまどうであったかに伴う測定値の変動も偶然誤差だと言えるものです。

　このような偶然誤差の影響に関しては，「同一の複数の対象に対して同一の方法による測定を2回行なって，1回目の測定値と2回目の測定値間の相関係数を算出し，それを信頼性係数の推定値とする」という，**再検査法**（test-retest method）と呼ばれる方法による検討が行なわれています。もちろん，「1回目の測定値が大きい対象ほど2回目の測定値も大きい」という正の相関関係が顕著であるということは，測定結果が安定しているということであり，このような場合に信頼性が高いことになります（このことは，次の平行検査法においても同様です）[42]。

　なお，79～80ページで系統誤差について説明した際にも関連することを記し

---

41) ［2-1］～［2-3］式を拡張して考えたり，87～90ページの「b_1とb_2の影響」の項の最初に記したことを踏まえればわかるように，複数の異なる種類の偶然誤差が同時に影響していたら，（いずれもが偶然誤差であるということは，それらの間の相関係数は0だと考えられるので）その分，それらの偶然誤差の影響による分散は単純加算的に大きくなります。ですから，同時に影響していると考えられる誤差の種類の多さに応じて，検討すべきことの多さも異なるものと考えられます。

42) 「なぜ2回の測定値間の相関係数が信頼性係数の推定になるのか」については，次に記す平行検査法による信頼性係数の推定のことも含め，南風原（2002）を参照してください。

ましたが，なんらかのテストを受けるときの各受検者の心身の状態は，すべて偶然によって変動しているわけではないと思います。なぜならば，テストを受ける際の不安や緊張感の生じやすさといったことに関する個人特性としてテスト不安という構成概念が提唱されていることが示唆しているように，テストを受ける際に心身の状態が悪化する程度に関しては，ある程度安定した個人差が存在すると考えられるからです。そして，そうであるならば，そのような個人差は1回目の測定値と2回目の測定値に対して同様の影響を及ぼすでしょうから，相関を希薄化させるどころか，正の擬似相関を生じさせ，かえって測定値間の相関係数を大きくすると考えられます。ですから，このような個人差による測定値の変動は系統誤差だとみなすべきものであることになります（先の短距離走における風の影響に関しても，風を呼び込みやすい人とそうでない人といった個人差が存在するのであれば，そのような個人差の影響は系統誤差であることになります。まあ，そんなことはないでしょうが：＾＾）。

（2）テストや質問紙尺度などによる測定において，どういう項目（ないし，問題）群を用いたか，項目によって各対象にとっての意味に違いはないか，個々の項目の解（回）答においてミスや運不運がどのように生じたか，などといったことに関わる偶然性

　たとえば，テストの中のある問題が，たまたまある受検者たちにとって有利なものであったり，各対象の各項目の解（回）答においてミスが偶発的に発生したりしていれば，それらによる測定値の変動は偶然誤差であることになります。

　このような偶然誤差の影響に関しては，「等価だと考えられる尺度（テストや質問紙尺度など）を2つ作成して，両方ともを同じ複数の対象に実施し，それらの2つの尺度による測定値間の相関係数を信頼性係数の推定値とする」という，**平行検査法**（parallel test method）と呼ばれる方法で検討することが提案されています。しかし，2つの等価な尺度を作成することは実際には非常に困難であるため，「作成するのは1つのみで，それを（基本的に無作為に）2つの下位尺度に分け，それらの下位尺度の得点の間の相関係数に基づいて（項目数が半減していることに伴う信頼性の低下を補正した上で）信頼性係数を推

定する」という，折半法（split-half method）と呼ばれる方法も提案されています。そして，現在では，折半法を発展させたものである，後述するCronbachのα係数による信頼性の推定が，もっともポピュラーなものとして行なわれています。

（3）誰が観察者や評定者になったかに関わる偶然性
　テストや質問紙尺度による測定を行なう場合，検査者と受検者の相性といったものがまったく存在しないとは言い切れないでしょうが，一般に，誰が検査者であったかということの影響は大きくはないと考えられます。これに対して，人や集団の行動，作品，文章などを誰かが観察ないし評定することによってデータを得るような場合には，誰が観察者ないし評定者になったかによって注意の向け方や解釈の仕方などが異なり，測定値の対象間の差異が変わってしまう可能性が多分にあると考えられます。そして，そうであるならば，たまたま誰が観察者ないし評定者になったかによる測定値の変動は偶然誤差であることになります。
　このような偶然誤差の影響に関しては，同一の複数の対象に対して複数の者が観察や評定を行ない，それらの観察者や評定者間で測定値がどの程度一致ないし相関しているかに基づいて信頼性係数の推定が行なわれています。

　以上の（1）～（3）についての検討は，測定における偶然誤差の影響の小ささについて検討しているという点では共通していても，「それぞれが別の面での偶然誤差の影響について検討している（したがって，"何について検討しているか"といった検討している事柄自体がそれぞれ異なる）」とみなした方がよいものだと考えられます。そして，最初に記したように，1つの側面に関する検討だけを行なえばよいというものではなく，どの側面の偶然性も測定結果に影響を及ぼしていると考えられる方法で測定をしている場合には，それらを総合して信頼性係数の推定を行なうべきだと考えられます。ですから，まずは，「当該の測定においては，どのような偶然誤差が（強く）関与しているであろうか」ということについて，しっかり考えてみることが大切になると思います。

次に，妥当性についてですが，妥当性に関しては，内容的妥当性，基準関連妥当性（併存的妥当性，予測的妥当性），構成概念妥当性，収束的妥当性，弁別的妥当性など，種々の言葉があるために，単一の概念ではないと思われがちであるように思います。しかし，これらは，いずれも，本章の最初に記した「測定値が，測定しようとしている変数を的確に反映している程度」という1つの事柄について検討しているものであって，上記の各々は，どのような面からの証拠であるかということに関する区別にすぎないものです。ですから，「何について検討しているか」という測定の妥当性という概念の内容に関して複数の種類があるわけではないと考えられます[43]。

たとえば，平井（2006）が論じているように，基準関連妥当性（と呼ばれていたもの）について検討するためには，当該の構成概念に関わる理論に基づいて，何が外的基準として適切であるかを慎重に考える必要があるので，基準関連妥当性についての検討は，構成概念妥当性についての検討であることになると考えられます。また，内容的妥当性（と呼ばれていたもの）について検討するためにも，当該の構成概念についての定義を踏まえながら尺度の内容の適切さについて慎重に判断する必要があるので，内容的妥当性についての検討は，構成概念妥当性についての検討であることになると考えられます。さらに，通常，心理学的研究において用いられる尺度が構成概念を測定するためのものであることを踏まえるならば，「構成概念妥当性」というように「構成概念」という言葉をわざわざ付ける必要はないと考えられます。

以上のことから，測定の妥当性に関しては，現在は，先に記したように「妥当性という単一の統合された概念のもとに，質の高い証拠を，さまざまな側面から，種々の方法によって，数多く蓄積していく必要がある」というように考えられています。

---

43) ここで，あえて「測定の」と付記したのは，本章の最初に記したように，内的妥当性や外的妥当性，生態学的妥当性など，妥当性という言葉があてはまる，測定とは別の面での（ないし，測定の問題に限定されない）問題が存在するからです。

α 係数について

▶▶▶▶ α 係数とは

　先に記した折半法においては，各項目をどのように組み合わせて折半するかによって算出される信頼性係数が変わってしまいます。これは，1つの事態において，たまたまどのように事を進めるかによって結果が異なるということであり，望ましくないことだと言えるでしょう。そこで，「考えられるすべての折半を行なって，それぞれに関して信頼性係数を算出し，その平均値を求める」ということを想定して，この「すべての組み合わせにおける折半法による信頼性係数の推定値の平均」に相当する値を理論的に導出し，それを信頼性係数の推定値とすることを，クロンバック（Cronbach, L.J.）という人が提案しました。それが，Cronbach の α 係数（Cronbach's coefficient alpha）です。

　また，α 係数は，以下の①の仮定のもとに，②の事柄に関して推定したものであり，「（当該の構成概念を反映したものの中の）どのような項目を用いても同様の結果になるか」といった意味での結果の安定性という面から信頼性の程度を推定したものである，と言える指標です。

① ある尺度に含まれている項目群は，その尺度で測ろうとしている構成概念を反映した項目（言い換えれば，その構成概念を測定するためのものとして妥当であると考えられる項目）の母集団からの無作為標本である。
② 上記の「項目の母集団」から（実際に用いている項目群とは別に）無作為に抽出された項目群を用いて尺度を構成した場合に，実際に用いている項目群で測定した結果とどの程度対応した（すなわち，強い相関関係にある）結果が得られるか。

　まず，①の仮定について説明します。

たとえば,「ちょっと余分な話8」で取り上げた自尊心という構成概念について測定するための質問紙尺度をローゼンバーグ（Rosenberg, M.）という人が開発し，その日本語版が，山本・松井・山成（1982）などによって作成されています。この尺度は,「だいたいにおいて，自分に満足している」,「もっと自分自身を尊敬できるようになりたい（逆転項目）」などの10の項目から構成されていますが，自尊心（が高いこと，または，低いこと）を反映していると考えられる文（項目）は，無数とは言いませんが，他にもたくさんあると考えられます。また，数学に関わる学力（たとえば，分数に関する四則演算を正しく行なう能力）を測定するためのテストの項目も，問題の形式や，文章題において提示する事例，計算問題における式の複雑さ，用いる数値などを変えれば，具体的な項目はいくらでもあることになります。このようなことから，「当該の尺度で用いられている項目だけがその構成概念をとらえるための妥当なものではない」と言えると思います。そして，そうであるならば，①の仮定は想定できないことではないと思います（ただし，通常の標本抽出がそうであるように，項目の抽出は，現実には無作為には行なわれていないと考えられます）。

　次に,「α係数はどういう場合に大きな値になるか」というα係数の規定因に関して，α係数が①，②に記したものであるということから，どのようなことが導かれるかについて説明します。

　まず，実際に用いている尺度に含まれている（すなわち，実際に抽出された標本における）項目間の相関係数が大きいということは，それらの項目が類似したものをとらえている（言い換えれば，その尺度が等質性が高い項目群で構成されている）ことを意味していると考えられます。また，標本が等質性が高い項目群で構成されていたということは，母集団も等質性の高い項目群によって構成されている可能性が高いと考えられます。そして，そうであれば，偶然どのような項目群からなる標本が取り出されたかによる測定結果の食い違いは小さい（すなわち，測定結果が安定している）であろうと推論されます。以上のことから，項目間の相関係数が全般に大きいほど，α係数の値は大きくなります[44]。

　また，項目間の相関係数が一定である場合（ないし，項目間の相関係数が小

さくても），抽出される項目の数（すなわち，尺度に含める項目数）が多いほど，項目の標本を抽出する際の偶然誤差は小さくなり，項目の母集団全体を用いて測定した結果から大きく逸脱していない結果が得られる可能性が高くなる（言い換えれば，どの標本でも測定結果が同様になる可能性が高まる）はずです。そして，そのため，項目数が多いほど，α係数の値は大きくなります。

表2-4は，以上のようになることを具体的に示したものであり，各項目の分散が等しい場合，α係数が次の［2-12］式のように算出されることに基づいて作成してあります（k は項目数，$\bar{r}$ は ${}_kC_2$ 個の項目間の相関係数の平均値であり，算出過程の例を図2-6に示したので，そちらも参照してください）。

$$\alpha = \frac{k\bar{r}}{1+(k-1)\bar{r}} \qquad [2\text{-}12]$$

〔ローデータ〕

	項目			
	1	2	3	4
P_1	1	2	3	2
P_2	2	3	1	1
P_3	3	1	2	5
P_4	4	5	4	4
P_5	5	4	5	3

＊このデータでは，分散は，どの項目も2です。

〔項目間の相関係数〕

		項目		
		1	2	3
項目	2	.6		
	3	.7	.6	
	4	.5	-.1	.3

$\bar{r} = \{.6+.7+.5+.6+(-.1)+.3\} \div 6 = .433$

$$\alpha = \frac{4 \times .433}{1+(4-1)\times .433} = .75$$

図2-6　各項目の分散がすべて等しい場合のα係数の算出過程についての例示

44）当然のことながら，逆転項目が含まれていた場合，ここでの項目間の相関係数は，値の方向をすべて揃えた（すなわち，値が大きいことの意味がどの項目においても同一であるようにした）上で算出されるものです。ですから（どの項目も同一の構成概念を測定するためのものなのですから），通常，項目間の相関係数はすべて正の値になると考えられます。そして，2つの項目が共通の成分をたくさん有しているほど（言い換えれば，両者が同一の構成概念を強く反映した等質性が高いものであるほど），相関係数は大きな値になると考えられます。

表 2-4 各項目の分散がすべて等しい場合の α 係数

項目数	項目間の相関係数の平均値										
	0	.1	.2	.3	.4	.5	.6	.7	.8	.9	1
2	0	.18	.33	.46	.57	.67	.75	.82	.89	.95	1
3	0	.25	.43	.56	.67	.75	.82	.88	.92	.96	1
4	0	.31	.50	.63	.73	.80	.86	.90	.94	.97	1
5	0	.36	.56	.68	.77	.83	.88	.92	.95	.98	1
6	0	.40	.60	.72	.80	.86	.90	.93	.96	.98	1
7	0	.44	.64	.75	.82	.88	.91	.94	.97	.98	1
8	0	.47	.67	.77	.84	.89	.92	.95	.97	.99	1
9	0	.50	.69	.79	.86	.90	.93	.95	.97	.99	1
10	0	.53	.71	.81	.87	.91	.94	.96	.98	.99	1
11	0	.55	.73	.83	.88	.92	.94	.96	.98	.99	1
12	0	.57	.75	.84	.89	.92	.95	.97	.98	.99	1
13	0	.59	.76	.85	.90	.93	.95	.97	.98	.99	1
14	0	.61	.78	.86	.90	.93	.95	.97	.98	.99	1
15	0	.63	.79	.87	.91	.94	.96	.97	.98	.99	1
16	0	.64	.80	.87	.91	.94	.96	.97	.98	.99	1
17	0	.65	.81	.88	.92	.94	.96	.98	.99	.99	1
18	0	.67	.82	.89	.92	.95	.96	.98	.99	.99	1
19	0	.68	.83	.89	.93	.95	.97	.98	.99	.99	1
20	0	.69	.83	.90	.93	.95	.97	.98	.99	.99	1
21	0	.70	.84	.90	.93	.95	.97	.98	.99	.99	1
22	0	.71	.85	.90	.94	.96	.97	.98	.99	.99	1
23	0	.72	.85	.91	.94	.96	.97	.98	.99	1.0	1
24	0	.73	.86	.91	.94	.96	.97	.98	.99	1.0	1
25	0	.74	.86	.91	.94	.96	.97	.98	.99	1.0	1
26	0	.74	.87	.92	.95	.96	.98	.98	.99	1.0	1
27	0	.75	.87	.92	.95	.96	.98	.98	.99	1.0	1
28	0	.76	.88	.92	.95	.97	.98	.98	.99	1.0	1
29	0	.76	.88	.93	.95	.97	.98	.99	.99	1.0	1
30	0	.77	.88	.93	.95	.97	.98	.99	.99	1.0	1

先に記したように，項目間の相関係数が全般に大きいほど，また，項目数が多いほど，α係数の値は大きくなっています。そして，項目間の相関係数が全般にそれほど大きくなくても，項目数が非常に多ければ，α係数の値はかなり大きな値になっています[45]。

　なお，以上のことは，『補足本Ⅱ』の43ページで説明した，標本平均の母平均からの偏差の標準的な値である（平均値についての）標準誤差が，「母集団の分布の標準偏差が小さく，母集団の構成要素の等質性が高いほど，小さくなること」および「データ数が多いほど，小さくなること」と対応しています（抽出された標本の標準偏差が小さいこと，および，ということは母集団の標準偏差も小さいであろうことは，各要素の等質性の高さという意味で，項目間の相関係数が大きいことに対応しているとともに，１つひとつの標本におけるデータ数が多いことは，１つの尺度に含まれる項目数が多いことに対応しています）。

　それから，南風原（2012）は，偶然誤差を，尺度の中の項目ごとに独立に作用する「ローカルな要因」と，項目全体に作用する「グローバルな要因」に分けて，それぞれが推定される信頼性に及ぼす影響について論じています。この論考を踏まえて記述するならば，α係数は，ローカルな偶然誤差が影響していない程度を評価するためのものであり，「各対象についての測定がいつ（どのような状況で）実施されたか，そのときの各対象の心身の状態はどうであったか」などといったことに関わる，項目全体に作用するであろうグローバルな偶然誤差が関与していない程度を評価するためのものではないことになります。そして，グローバルな要因はどの項目に対しても同様に作用する可能性が高いので，一種の正の擬似相関が発生して項目間の相関係数が大きくなり，α係数が不当に高くなってしまう（すなわち，信頼性が過大評価される）危険性があると考えられます（このようなことも認識しておくべきだと思います）。

---

[45] 次の［2-13］式は，［2-12］式を$\bar{r}$について解いたものであり，この式を用いれば，論文などに記されているα係数の値（と項目数）から，項目間の相関係数が全般にどの程度の値であるかが，おおよそわかります（ただし，上記のように，これは，各項目の分散がすべて等しい場合のものです）。

$$\bar{r} = \frac{\alpha}{(1-k)\alpha + k} \qquad [2\text{-}13]$$

▶▶▶▶ α係数に対する誤解

通常，α係数の値が.8（ないし，.7）以上であれば，「**内的整合性**ないし**内的一貫性**（internal consistency）が高いことが示された」といった判断や記述がなされています。しかし，このような判断は，「そうとは限らない」と言えるものであり，適切ではありません。なぜならば，内的整合性という概念は，一般に，項目間の相関係数の全般的な大きさを意味していると考えられますが，α係数はこのようなことの純粋な指標ではなく，表2-4に示したように，項目間の相関係数が全般に小さくても，項目数が非常に多ければ，α係数の値は大きくなるからです[46]。

冗長になってしまいますが，もう少し具体的に説明します。確かに，項目間の相関係数が全般に大きく，内的整合性が高いと判断される尺度であれば，α係数の値は大きくなります。しかし，上記のように，α係数の値は尺度の内的整合性のみに規定されるものではなく，項目数によっても大きく規定されます。そして，たとえば，項目数が30もあれば，項目間の相関係数の平均値が.15程度であっても，α係数は.8くらいになります。ここで，平均値が.15であるということは，おそらく，相関係数が負の値になっている項目対もある，ということです。ですから，この場合，α係数の値が「一般に，それ以上であれば"良し"とされている値」を超えていても，内的整合性が高いとは言えないと思います。そして，このような場合には，「測定しようとしている構成概念が，本来，互いにほとんど関係しない下位要素から構成されているものであるのか」，「そして，そうではないとしたら，なぜ項目間の相関係数が全般に小さくなってしまったのか」といったことについて考えてみる必要があると思います。

それから，岡田（2015）が論じているように，α係数の値が大きいからといって，「当該の尺度の1次元性が示された」とか「この尺度は，2つ以上の

---

[46] 岡田（2015）は，そもそも，内的整合性および内的一貫性という概念が多分に曖昧なものであることについて論じています。

下位尺度に分ける必要はない」などと即断することも危険です。理由は，項目間の相関行列が下位尺度に分けた方が適切であろう様相を呈していても，α係数が大きな値になることがあるからです。

　たとえば，4つの項目によって構成されている尺度があるとします。そして，項目1と項目2の相関係数および項目3と項目4の相関係数がともに.9で，残りの，項目1と項目3，項目1と項目4，項目2と項目3，項目2と項目4の相関係数は，いずれも.3だったとします。ということは，この尺度は，1次元的なものだとみなすよりも，ある程度の関係は有しながらも，項目1と項目2からなる下位尺度と項目3と項目4からなる下位尺度に分かれる2次元的なものだとみなした方がよいものだと考えられます。しかし，この場合，上記の6つの相関係数の平均値は.5になり，各項目の分散が等しければ，表2-4に示したように，$\alpha = .8$になります[47]。

　なお，この項の最初に記した「α係数の値が.8（ないし，.7）以上であれば内的整合性が高い（ないし，信頼性が高い）と言える」という基準は，統計的検定における有意水準などと同様に，「なぜ，その値に設定したのか」ということに関する論理的必然性がない，多分に便宜的かつ恣意的なものだと思います。また，効果量の大きさについての解釈がそうであるように，どのような場合にも一定の基準で判断するのは適切ではない，と考えられます。そして，特に，入学試験における合否判定やなんらかの病的傾向について診断を下すような，測定結果に基づいて個々人に関して重要な判断をする場合には，基準はかなり高く設定されるべきだと思います。

------

[47] 以上のことは，すべての項目の合計点と各項目の得点の関係について検討することによって1次元性や内的整合性について吟味する場合にも該当することであり，いずれの項目においても合計点との間にある程度の正の相関関係があることが示されても，「1次元性および内的整合性の高さが示された」などと断定することは危険です。

内容的妥当性に関わる現状の問題点・留意点

▶▶▶▶ 妥当性検討と妥当化および項目の選択過程の重要性

　南風原（2011）は，妥当性検討と妥当化という言葉を使い分けることの必要性を論じています[48]。**妥当性検討**というのは，「尺度を作成した後の事後的な検討」というニュアンスを強く有する言葉であるのに対して，**妥当化**というのは，「尺度を妥当なものにするための活動（全体）」であり，事後的な検討に限定した概念ではないと考えられます。村上（2006）は，尺度作成の現状が事後的な検討に偏っていることを指摘していますが，筆者も同感であり，特に，尺度項目の選択をもっと熟考して行なう必要があると思っています。

　たとえば，論文などを読む限り，項目を選択・決定する過程および基準が不明ないし曖昧である研究が散見されます。より具体的に言うならば，尺度の作成過程に関して「○○（　年）を参考にした」としか記しておらず，「なぜ，その先行研究の尺度が参考にするものとして適切だと考えたのか」ということや「具体的に，どのように参考にし，どのように修正したのか」ということについての記述がまったくない論文を多々見かけます。また，学会誌に投稿された論文の査読をしていると，尺度の作成過程についての記述がまったくない論文にも遭遇します。おそらく，「まず当該の構成概念について先に記したような線引きということを踏まえた定義をきちんと行ない，それに基づいて，領域適切性と領域代表性ということを意識しながら具体的な質問項目の決定を行なう」という基本的なことが実行されていないケースが多いのではないかと推察されます。

　確かに，内容的妥当性の程度は，妥当性に関する他の側面の多くとは異なり，具体的な統計的指標で表わされるものではありませんし，項目の選択過程

---

[48] 英語では，いずれも validation という単語になるようです。

には多分に恣意的ないし直観的な判断が介在しているでしょうから，明確な記述は困難だと思います。また，抽象的な構成概念を相手にしているのですから，たとえその領域の専門家であっても，その構成概念の下位要素を明確に特定し，それに照らして項目の内容の偏りや欠落などについて的確な判断をすることは困難でしょう。しかし，そうは言っても，内容的妥当性（と呼ばれていること）に関する検討は，やはり尺度作成をする際の基本的な活動であり，上記のようなことを踏まえながら実施すべきことだと思います。

▶▶▶▶ 帯域幅と忠実度のジレンマ

「構成概念の性質」という項で，「個々の構成概念は，完全には（ないし，強くは）関係していない複数（ないし，種々）の要素から構成されている」ということを記しました。ということは，このような「構成概念は，通常，ある程度の幅をもっている」ということを踏まえて，実際に尺度に含める項目にも当該の構成概念に対する自身の定義に即して幅をもたせる（言い換えれば，内容の偏りがなく，領域代表性が高い項目群で尺度を構成しようとする）と，項目間の相関係数は，元来，必ずしも大きな値にはならないことになります。そして，そのため，特に項目数が少ないと，α係数によって示される信頼性係数はそれほど大きな値にはなりません。しかし，一方で，コストや許容されている実施時間などの関係から，少数の項目でα係数が高くなるようにしようとすると，類似性が不当に高い偏った内容の項目群によって構成されている，領域代表性の低い尺度を使用することになってしまいます。このような葛藤事態は，**帯域幅と忠実度のジレンマ**（bandwidth-fidelity dilemma：Cronbach，1990）と呼ばれていますが，（一見）信頼性を高めるために（本来目指すべきであろう）領域代表性という面での妥当性が低いことになる尺度を作成することは，基本的には本末転倒だと考えられます。そして，このような場合には，可能な限り，項目数を多くするべきだと思います。

しかし，実際には，以上のような領域代表性に関わる問題を踏まえずに，（見かけ上）信頼性を高くすることを優先させて，類似性が不当に高い偏った内容の項目群による尺度作成が行なわれがちであるように思われます。また，

SASなどの統計ソフトを用いると，すべての項目を用いた場合のα係数とともに，各項目を除外して，残りの$k-1$個の項目を用いた場合のα係数も項目ごとに算出されますが，このときに，「それを除くとα係数が高くなる項目を機械的に除外する」ということが行なわれることもあるようです。

　もちろん，信頼性を高めること自体が問題なのではありません。問題なのは，（α係数によって示される）信頼性を高めることを第一義としてしまい，結局は妥当性を低下させることになる選択を行なうことだと思います。言いたいことは，「統計的分析の結果に過度に依拠するのではなく，当該の構成概念についての自身の定義およびそれに照らした領域代表性ということを踏まえて（というよりも，それを重視して）項目の取捨選択を行なうべきだ」ということです。

　なお，「信頼性が高いことは，妥当性が高いと主張する際の必要条件であり，信頼性が低ければ妥当性も低いことになる」ということを先に記しました。これに対して，この項に記したことは「信頼性を高めることが妥当性の低下につながる」ということであり，両者は，一見，矛盾しているように思われる叙述です。しかし，これは，後者の叙述における信頼性の評価が適切ではないことによるものだと考えればよいことだと思います。

▶▶▶▶ 因子分析の結果に過度に依拠した機械的な項目選択

　本章の最後に，α係数は直接的には関連しないけれども，統計的分析の結果に過度に依拠しているという点では前項に記したことと共通する，非常に遍在性が高い問題について取り上げます[49]。

　質問紙尺度の作成過程においては，「当該の尺度は1次元的なものではなく，いくつかの下位尺度に分けることができるものではないか，そして，そうであるとすれば，どのような下位尺度に分けることが妥当であるのか」ということについて検討するために，多くの場合，このようなことについて判断するための手がかりを与えてくれる因子分析（factor analysis）と呼ばれる分析が

---

[49] 以下に記すことは，基本的には，平井（2006）で論じられていることです。

行なわれています[50]。因子分析を行なうと，表2-5に例示したように，因子負荷量と呼ばれる値が，$m \times k$ 個，行列形式で出力されます。m は因子数で，k は項目数であり，この場合の因子は，当該の構成概念を構成している下位次元（ないし，下位領域）のようなものだと考えられています。因子負荷量は，各因子と各項目の関係の強さと方向を示す値であり，強い相関関係にある項目は，「どの因子において負荷量が大きくなり，どの因子において負荷量が小さくなるか」が同様になります。そして，因子ごとに，因子負荷量の絶対値が大きい項目に注目して，それらに共通するであろう特性を抽象化し，その内容（すなわち，その下位次元が，どのような言葉で表現したらよいものであるか）について解釈をします。また，尺度項目の取捨選択を行なう際には，1つひとつの項目が1つの因子においてのみ負荷量が大きくなっている，単純構造と呼ばれる様相を呈している方が解釈がしやすいため，複数の因子において負荷量が大きくなっている項目を削除するとともに，どの因子においても負荷量が大きくない項目も除外するということが，ルーチン的に行なわれています。

しかし，因子分析には，「解が一義的には定まらない」という大きな問題が

表2-5　因子分析において出力される因子負荷量行列の例

項目	因子			
	1	2	⋯	m
1	.75	.12	⋯	.23
2	.19	.64	⋯	.10
3	.28	.03	⋯	.47
4	.84	.22	⋯	.11
5	.69	.15	⋯	.32
・	・	・	・	・
・	・	・	・	・
k	.45	.48	⋯	.24

・「第1因子における負荷量が大きい項目は，項目1と項目4と項目5と…だから，第1因子は"○○"と表現したらよいものだろう」などというようにして，因子ごとに，その解釈が行なわれます。

---

[50] 正確には，ここでの因子分析は探索的因子分析と呼ばれるものであり，探索的因子分析と対比されるものとして，確認的因子分析と呼ばれるものがあります。

存在しています。具体的には，まず，当然のことながら，因子数をいくらにするかによって，解釈され，存在するものとして想定される下位次元の様相が異なってくるわけですが，適切な因子数について判断するための絶対的な基準などは存在しません。そして，因子数を固定しても，単純構造を呈している，解釈がしやすい解を求めるための方法には種々のものが考案されているとともに，その中のどれを用いたらよいかに関しても，絶対的な判断基準はありません。ですから，なんらかの理論的な根拠を示すことなく，ある1つの因子分析の結果のみに基づいて，下位次元の設定や項目の取捨選択を行なうことは，多分に恣意的であることになります。

　それから，因子分析において抽出される因子は，複数の項目に強く関わっていることが想定されている共通因子と呼ばれるものであり，ある構成概念の下位領域としてどんなに重要な内容でも，それに関わる項目を1（ないし2）個しか含めていなければ，その領域に関する次元は，通常，因子として抽出されません（「似た仲間がいないので，グループになれない」といった感じです）。また，逆に，本来は重要な下位領域ではない内容でも，それに関わる項目が不当にたくさん含まれていたら，その領域に関する次元は，（数学的には各因子の各項目の分散に対する説明力の大きさという意味での重要性を示す）因子寄与率と呼ばれる値が大きい共通因子として抽出されることになります。すなわち，「どのような項目が尺度の中に含まれていたか」によって因子分析の結果はどうにでもなってしまうのです。そして，そうであるがゆえに，データを収集する前の項目の選択が，非常に重要になるのです。

　さらに，複数の下位次元と関連している項目群がその構成概念においては重要な領域であるようなことも，あるかもしれません。そして，そうであるならば，単純構造になるように機械的に「複数の因子において負荷量が大きくなっている項目を削除する」という手続きは，やはり領域代表性を損なうものであることになるでしょう。

　要は，因子分析の結果のみに依拠して機械的に項目の取捨選択を行なうことは禁物であり，因子分析の結果を参照しながらも，「帯域幅と忠実度のジレンマ」の項に記したように，「当該の構成概念についての自身の定義およびそれに照らした領域代表性ということを重視して，項目の取捨選択（や追加）を行

なうべきだ（すなわち，当該の構成概念に関わる理論に基づいて行なうことが大切である）」ということです。

2章 練習問題

⭕**【練習問題 2-1】** 測定に関する古典的テスト理論では，測定値（y）は，真値（t）と（偶然）誤差（e）の和であると仮定されています。このような仮定のもとで，次の①〜④の問いに解答してください。

① 古典的テスト理論における t と e の関係に関する仮定を式で記述してください。
② ①の仮定のもとで成立する，測定値の分散と真値の分散と誤差分散の関係を式で記述してください。
③ 信頼性係数の定義を，数式（記号）ではなく，言葉で記述してください。
④ 理論上，信頼性係数の平方根と同じ値になるものは何か，言葉で記述してください。

▶**【練習問題 2-2】** 通常，1回だけ測定を行ない，それによって得られた値をそのまま測定値とする場合よりも，同一の対象に対して同じ変数についての測定を反復し，それぞれの回の測定値の和ないし平均値を測定値とする場合の方が，信頼性は高くなります。なぜ，そうだと言えるのかについて，数学的に説明してください。

▶**【練習問題 2-3】** 以下の文章に書かれている内容（結果の解釈）について論理的に批判してください。

　　○○傾向について測定するための24項目からなる質問紙尺度がある。この尺度を用いて収集されたデータについて α 係数を算出したところ，$\alpha = .84$ であった。し

たがって，この尺度は内的整合性が高いと考えられる。

○【練習問題 2-4】 以下の a) ～ f) の各ケースの α 係数の大小関係について推論し，下の（ ）内には a ～ f のアルファベットを，【 】内には "＞" か "＝" の記号を記入して解答してください（提示した数値は項目間の相関係数であり，各項目の分散はすべて等しいとします）。

（ ）【 】（ ）【 】（ ）【 】（ ）【 】（ ）【 】（ ）

a) 項目数：3，データ数：100
　　　　項目2　項目3
項目1　　.2　　　.3
項目2　　　　　　.4

b) 項目数：3，データ数：100
　　　　項目2　項目3
項目1　　.4　　　.4
項目2　　　　　　.4

c) 項目数：3，データ数：100
　　　　項目2　項目3
項目1　　.1　　　.4
項目2　　　　　　.7

d) 項目数：3，データ数：200
　　　　項目2　項目3
項目1　　.1　　　.4
項目2　　　　　　.7

e) 項目数：3，データ数：100
　　　　項目2　項目3
項目1　　.9　　　.9
項目2　　　　　　.9

f) 項目数：5，データ数：100
　　　　項目2　項目3　項目4　項目5
項目1　　.3　　　.5　　　.6　　　.2
項目2　　　　　　.4　　　.4　　　.3
項目3　　　　　　　　　　.5　　　.4
項目4　　　　　　　　　　　　　　.4

▶【練習問題 2-5】 【練習問題 2-4】の e) のケースは，それらの 3 項目によってなんらかの心理的構成概念を測定するための尺度を構成しようとした場合，通常，望ましくないと考えられます。それはなぜかについて，簡潔に説明してください。

練習問題の解答と解説

●1章

【練習問題 1-1】

① ア）1
② イ）非標準化　ウ）標準化
③ エ）（x と y の）相関係数　オ）y　カ）x　キ），ク）回帰係数，相関係数（順不同）
④ ケ）$(\bar{x}, \bar{y})$
⑤ コ）0　サ）予測の誤差そのもの
⑥ シ）1　ス）説明
⑦ セ）x と y の相関係数の絶対値（$|r_{xy}|$）
⑧ ソ）0　タ）説明
⑨ チ）0
⑩ ツ），テ）予測値，予測の誤差（順不同）　ト）直交分解
⑪ ナ）$s_{\hat{y}}^2$　ニ）$s_{y-\hat{y}}^2$　ヌ）予測値の分散　ネ）誤差分散　ノ）分解される　ハ）r^2　ヒ）$1-r^2$
⑫ フ）予測値の分散（$s_{\hat{y}}^2$）　ヘ）観測値の分散（s_y^2）　ホ），マ）分散説明率，決定係数（順不同）
⑬ ミ）説明変数（x）　ム）予測の誤差　メ）減少率　モ）精度
⑭ ヤ）予測の標準誤差　ユ）$\sqrt{1-r_{xy}^2}$　ヨ）$\frac{\sqrt{3}}{2}$
⑮ ラ）$\sqrt{1-r_{xy}^2}$
⑯ リ）説明　ル）一定　レ）基準　ロ）回帰係数
⑰ ワ）相関係数　ヲ）回帰係数
⑱ ン）負　ガ）正　ギ）負　グ）回帰効果　ゲ）平均値から離れている　ゴ）相関係数

＊この問題については解説は付けません。わからないところがあれば，本文を読み返してください。

＊以上の空所補充問題の中の一部分を，『このシリーズ本を読んでいただくにあたって』（添付冊子）に記した3回目の抜き打ちテストにおいて出したところ，正解者は以下の通りでした。
- （キ）と（ク）：135人中1人
- （チ）：135人中3人
- （ナ）と（ニ）：135人中3人
- （フ）と（ヘ）：135人中2人

【練習問題 1-2】

① 相関係数：1　回帰係数：2

データAでは，どの対象においても $y = 1 + 2x$ になっています。すなわち，このデータ

では，x と y の間に完全な正の相関関係が成立しています。
② 相関係数：0　回帰係数：0
　データ B は，相関図を作成すると，$x=3$ を軸とした（V 字型の）線対称形になるので，相関係数は 0 になります。そして，相関係数と回帰係数は比例関係にあるので，相関係数が 0 であれば，回帰係数も 0 になります。
③ (C)【＝】(D)【＝】(E)【＝】(F)
・データ C とデータ F は，各対象の x の値はまったく同一であるとともに，y の値に関しては，$y_C = 2 y_F$ という線形関係が完全に成立しています。
・データ D とデータ F も，各対象の x の値はまったく同一であるとともに，y の値に関しては，$y_D = 2 + y_F$ という線形関係が完全に成立しています。
・データ E とデータ F は，各対象の y の値はまったく同一であるとともに，x の値に関しては，$x_E = 2 x_F$ という線形関係が完全に成立しています。
・以上のように，C ～ F のデータの x および y の値は，同一または互いに線形変換を行なった関係にあります。そして，標準化効果量である相関係数の値はいかなる線形変換を行なっても変わりません。
④ (C)【＞】(D)【＝】(F)【＞】(E)
・データ D とデータ F は，相関係数が等しいだけでなく，x の標準偏差も y の標準偏差も等しいので，「相関係数×(y の標準偏差÷x の標準偏差)」という式によって算出される回帰係数も等しくなります（データ D とデータ F の y の値の間には 1 次の係数が 1 である線形関係が完全に存在しているので，標準偏差が等しくなります）。
・データ C とデータ F（および，データ D）は，上記の「相関係数×(y の標準偏差÷x の標準偏差)」という式の中の y の標準偏差だけが異なり，データ C の方がデータ F よりも y の標準偏差が大きいので，回帰係数もデータ C の方が大きくなります。
・データ E とデータ F（および，データ D）は，上記の「相関係数×(y の標準偏差÷x の標準偏差)」という式の中の x の標準偏差だけが異なり，データ E の方がデータ F よりも x の標準偏差が大きいので，回帰係数はデータ E の方が小さくなります。
⑤ 1：1
　データ F では，$s_x = s_y$ なので，$b = r$ になります。
⑥ 1：2
　データ C では，$s_y = 2 s_x$ になっているので，回帰係数は相関係数の 2 倍になります。
⑦ 4：1
　データ C は，データ E に比べ，相関係数が等しいとともに，y の標準偏差が 2 倍で，x の標準偏差が $\frac{1}{2}$ なので，「相関係数×(y の標準偏差÷x の標準偏差)」という式によって算出される回帰係数は 4：1 になります。
⑧ データ F の方がデータ G よりも大きい。
　相関図を描けば，データ F の方がデータ G よりも，正の相関関係が顕著であることが容

易に判断できます。そして，x の標準偏差と y の標準偏差は，いずれも「データ F＝データ G」です。ですから，回帰係数は，相関係数が大きいデータ F の方が大きくなります。

【練習問題 1-3】 4：5

　x と y の相関が．6 であるということは，y の観測値の分散の36％（．6^2）が x によって説明でき，残りの64％（．8^2）が x によっては説明できない部分である誤差分散であることになります。したがって，誤差分散と観測値の分散の比は 64：100 になります。そして，予測の誤差の標準偏差と観測値の標準偏差の比は，それらの平方根である 8：10，すなわち，4：5 になります（［1-26］式から導いても同じことになります）。

【練習問題 1-4】

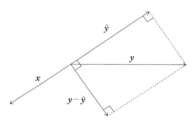

- $\hat{y}$ は x に線形変換を行なったものなのですから，$|r_{x\hat{y}}|=1$ であり，$\boldsymbol{x}$ ベクトルと $\hat{\boldsymbol{y}}$ ベクトルは，同じ向きのベクトルか，正反対の向きのベクトルになります。そして，この場合，$\boldsymbol{x}$ ベクトルと $\boldsymbol{y}$ ベクトルの成す角が90°よりも大きいので，$r_{xy}<0$ であり，回帰係数は負の値であることになります。ですから，$\hat{\boldsymbol{y}}$ ベクトルは，$\boldsymbol{x}$ ベクトルと正反対の向きのベクトルであることになります。
- $\boldsymbol{y}-\hat{\boldsymbol{y}}$ ベクトルは，$\boldsymbol{x}$ ベクトル（および，$\hat{\boldsymbol{y}}$ ベクトル）と無相関なので，$\boldsymbol{x}$ ベクトル⊥ $\boldsymbol{y}-\hat{\boldsymbol{y}}$ ベクトルです。
- $\boldsymbol{y}$ ベクトルを，以上のような向きの2つのベクトル（$\hat{\boldsymbol{y}}$ ベクトルと $\boldsymbol{y}-\hat{\boldsymbol{y}}$ ベクトル）に直交分解します。

【練習問題 1-5】　① 8　② 1.2　③ 0　④ 6　⑤ 6　⑥ 2.4　⑦ 0　⑧ .6
⑨ 0　⑩ 0　⑪ .8　⑫ 2.88　⑬ 5.12　⑭ $\sqrt{5.12}$

① x および y の値を小さい順に並べ替えると，隣接する値の間隔が，y は x のすべて2倍になっていることがわかります。ですから，$s_y=2s_x$ であり，$s_x=\sqrt{2}$ なので，$s_y=2\sqrt{2}$ になります。そして，問うているのは y の分散（s_y^2）です。

② s_y が s_x の2倍なので，回帰係数の値は相関係数の値の2倍になります。

③ 回帰直線は，必ず $(\bar{x},\bar{y})$ を通ります。そして，この場合，$\bar{x}=5$，$\bar{y}=6$ です。ですから，$(5,6)$ を通る傾きが 1.2 の直線の切片を，中学校の数学で学んだようにして求めればよいことになります（もちろん，［1-6］式によって求めても同じです）。

④ $x=5$ というのは，x の平均値です。そして，$x=\bar{x}$ のときの y の予測値は，y の平均値になります。

⑤ 「予測値の平均値＝観測値の平均値」です。

⑥　②,③より,$\hat{y}=1.2x$なので,$x=3$のときのyの予測値は3.6です。ですから,予測の誤差は,$6-3.6$で,2.4になります。
⑦　いかなるデータにおいても,予測の誤差の平均値は0です。
⑧　$\hat{y}$はxに線形変換を行なったものなので,$r_{y\hat{y}}=|r_{xy}|$です。
⑨,⑩　いかなるデータにおいても,xと$y-\hat{y}$および$\hat{y}$と$y-\hat{y}$は,無相関です。
⑪　yと予測の誤差の相関係数は,$\sqrt{1-r_{xy}^2}$です。
⑫　yの観測値の分散の中の$r_{xy}^2\times100$(%)が,xによって説明できる部分である予測値の分散です。ですから,$8\times.6^2$で,2.88になります($\hat{y}=1.2x$なので,$\hat{y}$の標準偏差はxの標準偏差の1.2倍であり,$\hat{y}$の分散はその2乗である,という考え方によって求めることもできます)。
⑬　誤差分散は,yの観測値の分散(全体)から,xによって説明できる部分である予測値の分散を除いたものです。ですから,$8-2.88$で,5.12になります。また,[1-24]式に基づいて,「$\sqrt{1-r_{xy}^2}\times$観測値の分散」というように求めることもできます。
⑭　予測の標準誤差というのは,予測の誤差の標準偏差のことですから,誤差分散の正の平方根です。

【練習問題1-6】
①　回帰係数:0.5,切片:1.5

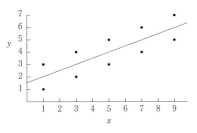

・相関図を作成すると,右の図のようになります。
・右の図のような場合,回帰直線は,xの値ごとのyの平均値のところを通る直線になります。ですから,回帰直線は,(1,2),(3,3),(5,4),(7,5),(9,6)を通る直線であることになります。

＊回帰直線が上記のようなものであれば,この場合,xが1,3,5,7,9のいずれのときにも予測の誤差が+1と-1であることになります。そして,そのため,予測の誤差の平均値が0になるとともに,説明変数(x)と予測の誤差($y-\hat{y}$)の相関係数が0になります。また,xの値ごとのyの平均値が予測値になるので,xが1,3,5,7,9のいずれのときにも,予測の誤差の2乗和が最小になります(本章の最初で復習したように,$\Sigma(y-c)^2$の値を最小にする定数cは平均値です)。

②　回帰係数の方が小さくなる。
　　ローデータを見れば,式にあてはめて計算をしなくても,yの標準偏差よりもxの標準偏差の方が大きいことがわかります。そして,回帰係数=相関係数×(yの標準偏差÷xの標準偏差)であり,yの標準偏差のxの標準偏差に対する比が1より小さいので,このデータでは,回帰係数が相関係数よりも小さくなります。
③　回帰係数:変わらない。相関係数:小さくなる。
　　xとyの間に直線的な関係が存在する場合,回帰係数は,xの値が特定の範囲に入るデー

タしか得られていなくても，全範囲のデータが得られた場合の値と変わりませんが，相関係数は，x の値が特定の範囲に入るデータしか得られていないと，全範囲のデータが得られた場合の値に比べて，絶対値が小さくなります。

【練習問題1-7】

① 回帰係数：2　切片：5
- x および y の値を小さい順に並べ替えると，隣接する値の間隔が，y は x のすべて4倍になっていることがわかります。ですから，$s_y = 4 s_x$ であり，回帰係数＝相関係数×（y の標準偏差÷x の標準偏差）なので，回帰係数は，.5×4で，2になります。
- 回帰直線は，必ず，$(\bar{x}, \bar{y})$ を通ります。ですから，このデータにおける回帰直線は，(3, 11) を通る，傾きが2の直線であることになり，このことから切片が求まります。

②

x	1	2	3	4	5
y	11	7	3	19	15
$\hat{y}$	7	9	11	13	15
$y - \hat{y}$	4	-2	-8	6	0
y'	19	13	7	21	15

- ①より，$\hat{y} = 5 + 2x$ です。ですから，たとえば1番目の対象に関しては，$5 + 2 \times 1$ で，$\hat{y} = 7$ になります。
- 1番目の対象の y の観測値は11なので，予測の誤差である $y - \hat{y}$ は，$11 - 7$ で，4になります。
- 1番目の対象は x が1ですから，「x の値が5であったと仮定したら」ということは，「x の値が実際よりも4大きいとしたら」ということです。また，回帰係数が2であるということは，x の値の1の変化（ないし，差異）と y の値の2の変化（ないし，差異）が対応しているということです。ですから，1番目の対象に関しては，$2 \times 4 = 8$ で，y の値は，実際の11という値よりも8大きい，19であることになります。

③ ア）$16c^2$　イ）$4c^2$　ウ）$2\sqrt{3}\, c$

ア）①の解説に記したように $s_y = 4 s_x$ ですから，y の標準偏差は $4c$ であることになります。したがって，分散は，その2乗である $16c^2$ になります。

イ）x と y の相関係数が .5 ですから，x によって説明できる部分である予測値（$\hat{y}$）の分散の大きさは，観測値（y）の分散の大きさの25%（$.5^2$）になります。ですから，$16c^2 \times .25$ で，$4c^2$ です（$\hat{y}$ は，x に1次の係数が2である線形変換を行なったものなので，標準偏差が x の標準偏差の2倍である $2c$ になり，分散は，その2乗である $4c^2$ になる，と考えることもできます）。

ウ）x によって説明できない部分である予測の誤差（$y - \hat{y}$）の分散の大きさは，観測値（y）の分散の大きさの75%（$1 - .5^2$）になります。ですから，誤差分散は，$16c^2 \times .75$ で，$12c^2$ であり，予測の誤差の標準偏差である予測の標準誤差は，誤差分散の平方根である $2\sqrt{3}\, c$ になります。

④　1

この場合，y' は，予測の誤差に一律 15 を足した値になっているので，両者の間には 1 次の係数が正である直線的関係が完全に成立していることになります。

⑤　説明変数の値を一定に統制したときの各対象の基準変数の値

＊y' と予測の誤差は相関係数が 1 になるだけでなく，回帰係数も 1 である関係にあります。すなわち，予測の誤差 $= y' + c$（c は定数で，この場合，-15）であり，予測の誤差の平均値は 0 であることから，予測の誤差は，④の解答に記したような意味をもつ y' の値を，その平均値が 0 になるように平行移動した（言い換えれば，中心化した）値であると言えるものです。

【練習問題 1-8】　x　1　2　3　4　5　　回帰係数：1
　　　　　　　　　y'　6　4　2　10　8

・x から y を予測する際の予測の誤差（$y - \hat{y}$）は x と無相関ですから，$\boldsymbol{x}$ ベクトルと $\boldsymbol{y} - \hat{\boldsymbol{y}}$ ベクトルは直交しています。したがって，$\boldsymbol{y} - \boldsymbol{x}$ と $\boldsymbol{y} - \hat{\boldsymbol{y}}$ が同じ意味をもつ（すなわち，完全に同一方向のベクトルになる）ためには，$\boldsymbol{y} - \boldsymbol{x}$ も $\boldsymbol{x}$ と（2 次平面上において）直交することになる y の値を考えればよいことになります。

・ここで，参考にするものとして提示したデータにおける r_{xy} が .5 なので，$\theta_{xy} = 60°$ であることになります。また，一瞥してわかるように，提示したデータでは $s_x = s_y$ ですから，$\boldsymbol{x}$ ベクトルと $\boldsymbol{y}$ ベクトルの長さが等しいことになります。したがって，下の図のように，θ_{xy} を変えずに $\boldsymbol{y}$ のベクトルの長さを 2 倍にすれば，$\boldsymbol{x}$ ベクトルと $\boldsymbol{y} - \boldsymbol{x}$ ベクトルが直交し，$\boldsymbol{y} - \boldsymbol{x}$ ベクトルと $\boldsymbol{y} - \hat{\boldsymbol{y}}$ ベクトルが平行（すなわち，同一方向のベクトル）になります。そして，θ_{xy} を変えずに $\boldsymbol{y}$ のベクトルの長さを 2 倍にするということは，r_{xy} を変えずに y の標準偏差を 2 倍にするということです。

・以上のことから，参考にするものとして提示されているデータにおける y の値に $y' = c + 2y$（c は任意の定数）という線形変換を行なった値を解とすれば題意を満たすことになります（解答に記したデータは，$c = 0$ としたものです）。

・回帰係数は，相関係数×（y の標準偏差÷x の標準偏差）ですから，1 になります。

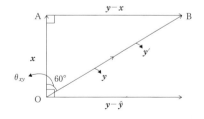

・△OAB は，3 つの辺の長さの比が $1 : 2 : \sqrt{3}$ の直角三角形です。

・解答に記したデータにおける $y - \hat{y}$ と $y - x$ の値は，以下のようになります。

x	1	2	3	4	5
y	6	4	2	10	8

$r = .5,\ \hat{y} = 3 + x$

$\hat{y}$	4	5	6	7	8
$y-\hat{y}$	2	−1	−4	3	0
$y-x$	5	2	−1	6	3

$r = 1$

【練習問題 1-9】 $-\dfrac{\sqrt{2}}{2}$

・この場合,変数 x と変数 y は,同一のことを独立に 2 回行なったときに得られる値に関するものですから,理論上,両者の標準偏差は等しくなります。また,各自の x の値と y の値は偶然のみによって規定されているはずなので,r_{xy} は,理論上,0 になります(「1 回目に偶数をたくさん出した人は 2 回目にも偶数をたくさん出す傾向にある」とか「1 回目に偶数をたくさん出した人は 2 回目には偶数をあまり出さない傾向にある」などといった関係は生じないはずです)。

・以上のことから,この場合,$\boldsymbol{x}$ ベクトルと $\boldsymbol{y}-\boldsymbol{x}$ ベクトルの関係は右の図のようになり,これらのベクトルの成す角の大きさが $135°$ になります。ですから,$r_{x\cdot y-x} = \cos 135° = -\dfrac{\sqrt{2}}{2}$ になります(この場合,図中の三角形は,直角二等辺三角形になります)。

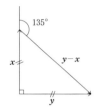

* この問題の一部分に該当するものであり,この問題よりも正解することが容易だと考えられる「$s_x = s_y$,$r_{xy} = 0$ であるとき,$r_{x\cdot y-x}$(x と $y-x$ の相関)は(　　)になる」という空所補充問題を,『このシリーズ本を読んでいただくにあたって』(添付冊子)に記した 3 回目の抜き打ちテストにおいて出したところ,正解者は 1 人もいませんでした。

【練習問題 1-10】 変化量の平均値が「低群 > 中群 > 高群」となったことについては単なる回帰効果によっても説明がつきます(同一の測定を同一の対象に 2 度にわたって行なった場合,なんらの介入をしていなくても,一般に,1 回目の得点が低い者ほど変化量が正の値を示す傾向があります)。したがって,問題文に記されているような結果は,「介入 x の効果は介入前に y の値が相対的に低かった対象ほど顕著になる」という主張をするための根拠としては脆弱ないし不十分であると考えられます。

●2章

【練習問題 2-1】 ① $r_{te} = 0$　② $s_y^2 = s_t^2 + s_e^2$　③ 真値の分散の測定値の分散に対する

比　④　測定値と真値の相関係数

＊この問題については解説は付けません。わからないところがあれば，本文を読み返してください。
＊この問題と同一の問題を，1分30秒という制限時間を設けて，『このシリーズ本を読んでいただくにあたって』（添付冊子）に記した3回目の抜き打ちテストにおいて出したところ，正解者は以下の通りでした。
① 135人中12人
② 135人中11人
③ 135人中1人
④ 135人中1人

【練習問題2-2】　古典的テスト理論に沿って，測定値（y）が真値（t）と（偶然）誤差（e）の和によって構成されているとともに，$r_{te}=0$ とします。また，測定を2回行なって，その和を指標（実際に分析に用いる測定値）にしたとします（ここで，1回目と2回目の測定における測定値，真値，誤差を，それぞれ，y_1, t_1, e_1 ; y_2, t_2, e_2 とし，それぞれの和の値を，y_{1+2}, t_{1+2}, e_{1+2} とします）。

このようなとき，t_1 と t_2 は等しいので（言い換えれば，真値は変化しないという想定のもとでは），$s_{t_1}=s_{t_2}$, $r_{t_1 t_2}=1$ となり，次ページの図 a のように，標準偏差に関しては，$s_{t_{1+2}}=2s_{t_1}$（または，$2s_{t_2}$）になります。ですから，標準偏差の2乗である分散に関しては，$s_{t_{1+2}}^2=4s_{t_1}^2$ になります（「$t_{1+2}=2t_1$ なので $s_{t_{1+2}}^2=4s_{t_1}^2$ になる」と説明した方がわかりやすいかもしれません）。

一方，誤差に関しては，全体的には1回目と2回目で変わらないと考えれば，$s_{e_1}=s_{e_2}$ であるとともに，各回において無作為に（すなわち，独立に）生じると考えられるので（すなわち，各対象における e_1 と e_2 の間には，なんらの対応関係もないと考えられるので），理論上，$r_{e_1 e_2}=0$ になります。ですから，標準偏差に関しては，次ページの図 b のように，$s_{e_{1+2}}=\sqrt{2}s_{e_1}$（または，$\sqrt{2}s_{e_2}$）になり，分散に関しては，$s_{e_{1+2}}^2=2s_{e_1}^2$ になります。

以上のように，測定を2回繰り返し，その和をとった場合，真値の分散は各回の分散の4倍になりますが，誤差分散は2倍にしかなりません。そして，信頼性は，真値の分散と誤差分散の和である測定値の分散全体の中で真値の分散が占めている割合が大きいほど（逆に言えば，誤差分散が占めている割合が小さいほど）大きくなるので，問題文に記されているようになります。

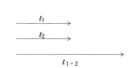

t_1 ベクトルと t_2 ベクトルは，$s_{t_1} = s_{t_2}$ なので長さが等しいとともに，$r_{t_1 t_2} = 1$ なので同一方向のベクトルであることになります。

図a

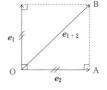

e_1 ベクトルと e_2 ベクトルは，$s_{e_1} = s_{e_2}$ なので長さが等しいとともに，$r_{e_1 e_2} = 0$ なので直交していることになります。ですから，図中の△OABは直角二等辺三角形であることになります。

図b

【練習問題2-3】 α係数の値は項目間の相関係数の全般的な大きさのみに規定されるものではなく，項目数によっても大きく規定されます。そして，この場合，項目数が24もあるので，α係数が.84であったとしても，項目間の相関係数は全般にかなり小さな値であると推論されます（各項目の分散が等しいと仮定した場合，項目数が24で，α係数が.84であるということは，項目間の相関係数の平均値は.18になります）。したがって，この場合，内的整合性が高いとは言えないと考えられます。

【練習問題2-4】 (e)【＞】(f)【＞】(b)【＝】(c)【＝】(d)【＞】(a)

・各項目の分散が等しい場合，α係数の値は「項目間の相関係数の平均値」と「項目数」のみに規定されます（各相関係数を算出する際のデータ数には影響を受けません）。
・b, c, d, f は，項目間の相関係数の平均値が，いずれも.4です。そして，fのみ項目数が5で，残りは3です。

＊この問題と同一の問題を，2分という制限時間を設けて，『このシリーズ本を読んでいただくにあたって』（添付冊子）に記した3回目の抜き打ちテストにおいて出したところ，正解者は1人もいませんでした。

【練習問題2-5】 一般に，構成概念は，ある程度の幅をもっている（相関係数が1に近い値になるほど強くは関係していない複数の下位要素から構成されている）と考えられるものです。そして，eのケースのように項目間の相関係数がすべて非常に大きな値になっているということは，このような下位要素の中の偏った一部のみを反映した項目群によって尺度が構成されている可能性が高いものと推論されます。そして，そうであれば，eのケースは，「項目の内容が測定しようとしている概念に関わるすべての領域を偏りなくカバーしているか」という領域代表性の面で妥当性に大きな問題があることになるので，望ましくないと考えられます。

引用文献

青野篤子　1995　達成動機　小川一夫(監)　社会心理学用語辞典　北大路書房　p.239.

Cronbach, L. J.　1990　*Essentials of psychological testing*（5 th ed.）.　New York：Harper Collins.

福岡伸一　2007　生物と無生物のあいだ　講談社

ファーナム，A. F.(著)　細江達郎（監訳）　1992　しろうと理論　北大路書房（Furnham, A. F. 1988 *Lay theories : Everyday understanding of problems in the social sciences.* Pergamon Press.）

具志堅伸隆　2009　ムード一致効果とAIM　日本社会心理学会(編)　社会心理学事典　丸善　Pp.56-57.

南風原朝和　2002　心理統計学の基礎―統合的理解のために―　有斐閣

南風原朝和　2011　臨床心理学をまなぶ7　量的研究法　東京大学出版会

南風原朝和　2012　研究委員会企画チュートリアルセミナー　尺度の作成・使用と妥当性の検討　教育心理学年報，51，213-217.

南風原朝和　2014　続・心理統計学の基礎―統合的理解を広げ深める―　有斐閣

Haney, C., Banks, C., & Zimbardo, P.　1973　*A study of prisoner and guards in a simulated prison. Naval Research Reviews.*

平井洋子　2006　測定の妥当性からみた尺度構成―得点の解釈を保証できますか―　吉田寿

夫(編) 心理学研究法の新しいかたち 誠信書房 Pp.21-49.

川畑徹朗・石川哲也・近森けいこ・西岡伸紀・春木 敏・島井哲志 2002 思春期のセルフエスティーム，ストレス対処スキルの発達と危険行動との関係 神戸大学発達科学部研究紀要，10，83-92．

工藤恵理子 2009 場面想定法実験と質問紙実験 安藤清志・村田光二・沼崎 誠(編) 新版 社会心理学研究入門 東京大学出版会 Pp.157-159.

ラタネ，B・ダーリィ，J. M.(著) 竹村研一・杉崎和子(訳) 1977 冷淡な傍観者――思いやりの社会心理学―― ブレーン出版 (Latané, B., & Darley, J. M. 1970 *The unresponsive bystander : Why doesn't he help?* New York：Appleton-Century-Crofts.)

リン，R. L.(編) 池田 央・藤田恵璽・柳井晴夫・繁桝算男(監訳) 1992 教育測定学上・下 C.S.L.学習評価研究所 (Linn, R.L.(Ed.) 1989 *Educational measurement* (3rd ed.). New York：Macmillan.)

Messick, S. 1995 Validity of psychological assessment：Validation of inferences from persons' responses and performances as scientific inquiry into score meaning. *American Psychologist*, 50, 741-749.

ミルグラム，S.(著) 岸田 秀(訳) 1980 服従の心理――アイヒマン実験―― 河出書房新社 (Milgram, S. 1974 *Obedience to authority : An experimental view.* Harper & Row.)

村上 隆 2003 測定の妥当性 日本教育心理学会(編) 教育心理学ハンドブック 有斐閣 Pp.159-169.

村上宣寛 2006 心理尺度のつくり方 北大路書房

村山 航 2006 テストへの適応――教育実践上の問題点と解決のための視点―― 教育心理学研究，54，265-279．

村山 航 2011 日本の子どもの学ぶ意欲は低いのか――学習意欲を巡る3つの「思い込み」を吟味する―― 大久保智生・牧 郁子(編) 実践をふりかえるための教育心理学――教育心理にまつわる言説を疑う―― ナカニシヤ出版 Pp.27-40.

村山 航 2012 妥当性――概念の歴史的変遷と心理測定学的観点からの考察―― 教育心理学年報，51，118-130．

村山 航 2015 メタ記憶・メタ認知――あなたは自分をどれだけ知っている？―― 北神慎司・林 創(編) 心のしくみを考える――認知心理学研究の深化と広がり―― ナカニシヤ出版 Pp.45-56.

無藤　隆　2004　研究における質 対 量　無藤　隆・やまだようこ・南　博文・麻生　武・サトウタツヤ（編）　質的心理学―創造的に活用するコツ―　新曜社　Pp.2-7．

日本テスト学会（編）　2007　テスト・スタンダード―日本のテストの将来に向けて―　金子書房

沼崎　誠　1994　セルフ・モニタリング　古畑和孝（編）　社会心理学小辞典　有斐閣　p.144．

沼崎　誠・工藤恵理子　2003　自己高揚的呈示と自己卑下的呈示が呈示者の能力の推定に及ぼす効果―実験室実験とシナリオ実験との相違―　実験社会心理学研究，43，36-51．

岡田謙介　2015　心理学と心理測定における信頼性について―Cronbachのα係数とは何なのか，何でないのか―　教育心理学年報，54，71-83．

岡田　涼・小塩真司・茂垣まどか・脇田貴文・並川　努　2015　日本人における自尊感情の性差に関するメタ分析　パーソナリティ研究，24，49-60．

岡本浩一　1986　社会心理学ショート・ショート―実験でとく心の謎―　新曜社

小塩真司・岡田　涼・茂垣まどか・並川　努・脇田貴文　2014　自尊感情平均値に及ぼす年齢と調査年の影響―Rosenbergの自尊感情尺度日本語版のメタ分析―　教育心理学研究，62，273-282．

ローゼンサール，R・ロスノウ，R. L.（著）　池田　央（訳）　1976　行動研究法入門―社会・心理科学への手引―　新曜社（Rosenthal, R., & Rosnow, R. L. 1975 Primer of methods for the behavioral sciences.　John Wiley & Sons.）

桜井茂男　1983　認知されたコンピテンス測定尺度（日本語版）の作成　教育心理学研究，31，245-249．

佐々木　閑・大栗博司　2016　真理の探究―仏教と宇宙物理学の対話―　幻冬舎

芝　祐順・南風原朝和　1990　行動科学における統計解析法　東京大学出版会

椎名乾平　1991　「概念の概念」の概念―人工概念と概念表現の関係について―　基礎心理学研究，10，15-32．

清水　裕　2001　自己評価・自尊感情　堀　洋道（監）　心理測定尺度集Ⅰ―人間の内面を探る〈自己・個人内過程〉―　サイエンス社　Pp.26-43．

鈴木直人・山岸俊男　2004　日本人の自己卑下と自己高揚に関する実験研究　社会心理学研究，20，17-25．

高橋亜希子・村山　航　2006　総合学習の達成の要因に関する量的・質的検討―学習様式と

の関連に着目して— 教育心理学研究, 54, 371-383.

髙橋昌一郎 2008 理性の限界—不可能性・不確定性・不完全性— 講談社

外山美樹 2008 教室場面における学業的自己概念—井の中の蛙効果について— 教育心理学研究, 56, 560-574.

山田 歩 2015 無意識と潜在過程 外山みどり(編) 社会心理学—過去から未来へ— 北大路書房 Pp.160-178.

やまだようこ 2004 質的研究の核心とは 無藤 隆・やまだようこ・南 博文・麻生 武・サトウタツヤ(編) 質的心理学—創造的に活用するコツ— 新曜社 Pp.8-13.

山本眞理子・松井 豊・山成由紀子 1982 認知された自己の諸側面の構造 教育心理学研究, 30, 64-68.

吉田寿夫 2000 テスト・ワイズネス 森 敏昭・秋田喜代美(編) 教育評価重要用語300の基礎知識 明治図書 p.253.

吉田寿夫 2002 研究法に関する基本姿勢を問う—本来の姿ないし基本に戻ろう— 下山晴彦・子安増生(編) 心理学の新しいかたち—方法への意識— 誠信書房 Pp.73-131.

索　引

　この索引では，本巻（『ちょっと本Ⅰ』）で出現する事項のみならず，『ごく初歩本』および，このシリーズの他の巻に出現している事項も含めて掲載しています。
　本巻に出現する事項についてはページ数のみを太字で表示し，このシリーズの他の巻に出現する事項についてはページ数のすぐ後ろの [　] 内に該当巻の略称を小字で表示しています。略称の表示は以下の通りです。

　　『ごく初歩本』　：G　　　『補足本Ⅰ』　：HⅠ　　　『補足本Ⅱ』　：HⅡ
　　『ちょっと本Ⅱ』：CⅡ　　『ちょっと本Ⅲ』：CⅢ

ア

ANOVA　　202[G], **1**[CⅡ]
α 係数　　**118, 126**, 34[CⅡ]
ANCOVA　　79[CⅡ]

イ

イエス・テンデンシー　　**87**
1 標本 t 検定　　81[HⅡ]
一定化　　16[HⅡ], 2[CⅡ]
一般化可能性　　245[G], 19[HⅡ], 236[HⅡ], 238[HⅡ], **58**, 37[CⅡ]
井の中の蛙効果　　**93**
因果関係　　86[G], 99[G], 118[G], 171[G], 264[G], 40[HⅠ], 10[HⅡ], 30[CⅢ], 50[CⅢ], 53[CⅢ], 55[CⅢ], 112[CⅢ], 117[CⅢ]
因子分析　　**127**

ウ

ウェルチの方法　　108[HⅡ]

エ

SEM　　43[HⅡ]
F 値　　8[CⅡ], 19[CⅡ]

カ

回帰係数　　78[G], **6, 26**
回帰効果　　**41**, 129[CⅡ]
回帰直線　　78[G], **5**
回帰分析　　**5**, 61[CⅢ]
χ^2 検定　　209[G], 126[HⅡ], 176[HⅡ]
階層線形モデル　　287[HⅡ]
外的妥当性　　19[HⅡ], **58**
介入研究　　122[CⅡ]
カウンター・バランス　　64[CⅡ]
攪乱要因　　124[CⅡ]
確率化　　16[HⅡ], 2[CⅡ]
確率誤差　　**71**
加重平均値　　119[HⅠ], 105[HⅡ]
仮説の例証　　246[G], 236[HⅡ]
関係がある　　29[HⅠ]
間接効果　　42[CⅢ], 51[CⅢ], 53[CⅢ]
完全無作為化法　　16[HⅡ]

キ

危険率　　10[HⅡ]
擬似相関　　88[G], 119[G], 264[G], 42[HⅠ], **88**, 30[CⅢ], 49[CⅢ]
擬似無相関　　46[HⅠ], **88**, 34[CⅢ], 49[CⅢ]

索引

基準変数　5, 61[CⅢ]
気分（ムード）一致効果　92
帰無仮説　156[G], 4[HⅡ]
逆数変換　144[G], 122[HⅠ]
逆正弦変換　95[HⅡ]
共通の反応バイアスの介在　89
共分散　35[HⅠ], 2
共分散分析　79[CⅡ], 144[CⅡ], 120[CⅢ]
共変数　80[CⅡ]
共変動　35[HⅠ], 2
共変量　80[CⅡ]

ク

偶然誤差　71
区間推定　79[HⅡ]
クロス構造　56[CⅡ], 166[CⅢ]
クロス集計　103[G], 58[HⅠ]
クロス表　103[G], 58[HⅠ]
Cronbach の α 係数　118

ケ

系統誤差　79, 91
決定係数　80[G], 21
検定統計量　157[G], 186[G], 4[HⅡ]
検定力　237[G], 243[G], 10[HⅡ], 128[HⅡ], 153[HⅡ]
検定力の規定因　160[HⅡ]

コ

効果の大きさ　137[G], 116[HⅠ]
効果量　137[G], 116[HⅠ], 201[HⅡ], 7
効果量の信頼区間　229[HⅡ]
交互作用（効果）　213[G], 263[G], 20[HⅡ], 130[HⅡ], 132[HⅡ], 173[HⅡ], 35[CⅡ], 50[CⅡ], 58[CⅡ], 90[CⅡ], 65[CⅢ], 104[CⅢ], 118[CⅢ]
交互作用効果の項を組み入れた重回帰分析　104[CⅢ]
恒常化　16[HⅡ], 2[CⅡ], 37[CⅡ], 95[CⅡ]
構成概念　60
交絡　172[G], 249[G], 265[G], 266[G], 11[HⅡ], 132[HⅡ], 4[CⅡ], 32[CⅡ], 65[CⅡ], 81[CⅡ]

誤差分散　43[HⅡ], 20
個人間変動に基づく検討　136[CⅢ]
個人間変動に基づく相関的研究　136[CⅢ]
個人内の共変関係　137[CⅢ]
個人内変動に基づく検討　137[CⅢ]
個人内変動に基づく相関的研究　137[CⅢ]
古典的テスト理論　71

サ

再検査法　114
最小 2 乗法　78[G], 9, 67[CⅢ]
「差の値の標準偏差」を分母とした標準化平均値差　207[HⅡ], 219[HⅡ]
参加者間要因（被験者間要因）　171[G], 175[G], 17[HⅡ]
参加者内要因（被験者内要因）　171[G], 175[G], 18[HⅡ]
残差　8, 29[CⅡ]
残差得点　108
残差分析　176[HⅡ]
散布図　66[G], 31[HⅠ]
散布度　47[G], 8[HⅠ]

シ

自己報告型の質問紙尺度　91
自然変動　124[CⅡ]
実験群　121[CⅡ]
実験者期待効果　126[CⅡ]
実験条件　121[CⅡ]
実験的研究　170[G], 11[HⅡ]
実験的統制　80[CⅡ]
実施順序の効果　65[CⅡ], 69[CⅡ]
質的研究　67
質問紙尺度　59
社会的に望ましい回答をする傾向　94
尺度　8[G], 58
尺度の不定性　182[HⅡ]
jangle fallacy　70
重回帰分析　5, 61[CⅢ]
重決定係数　77[CⅢ]
重相関係数　75[CⅢ]
収束的証拠　110

149

従属変数　　　168[G], 12[HⅡ]
自由度　　　186[G], 85[HⅡ], 8[CⅡ]
自由度調整済み決定係数　　78[CⅢ]
集団における相関関係　　136[CⅢ]
主効果　　　213[G], 48[CⅡ]
出版バイアス　　163[HⅡ]
条件間変動　　13[CⅡ], 54[CⅡ]
条件内変動　　13[CⅡ]
剰余変数　　169[G], 11[HⅡ], 1[CⅡ]
剰余変数の統制　　1[CⅡ], 80[CⅡ]
除去可能な交互作用効果　　183[HⅡ]
素人理論　　**105**
jingle fallacy　　**70**
真値　　**71**
シンプソンのパラドックス　　22[HⅡ]
信頼区間　　80[HⅡ], 229[HⅡ], 119[CⅢ]
信頼区間の下限と上限　　90[HⅡ]
信頼区間の幅　　91[HⅡ]
信頼係数　　80[HⅡ]
信頼水準　　80[HⅡ]
信頼性　　17[G], **113**, **126**
信頼性係数　　**72**
心理的構成概念　　12[HⅡ], **60**
心理量　　14[G], 4[HⅠ]

ス

推定　　151[G], 79[HⅡ]
推量思考　　150[HⅡ]
数値要約　　4[G], 41[G], 71[G], 2[HⅠ], 54[CⅢ]
スピアマンの順位相関係数　　91[G], 55[HⅠ], 68[HⅠ], 153[HⅠ]

セ

正規分布　　56[G], 11[HⅠ], 123[HⅠ], 34[HⅡ], 45[HⅡ]
正規分布の加法性　　37[HⅡ]
正規分布の再生性　　37[HⅡ]
生態学的誤謬　　163[CⅢ]
生態学的妥当性　　240[HⅡ], **58**
正の相関　　68[G], 37[HⅠ]
切断効果　　84[G], 37[HⅠ], **28**
z得点　　129[G], 101[HⅠ]

折半法　　116[CⅠ]
説明変数　　169[G], **5**, 61[CⅢ]
セルフ・モニタリング　　**100**
線形回帰分析　　**5**
線形加算結合　　62[CⅢ], 65[CⅢ]
線形単回帰分析　　**5**
線形変換　　125[G], 100[HⅠ], **3**
尖度　　55[G], 18[HⅠ], 110[HⅠ]
選抜効果　　84[G], 37[HⅠ]
全変動　　12[CⅡ], 53[CⅡ]

ソ

相関係数　　72[G], 35[HⅠ], 82[HⅠ], 221[HⅡ], **2**, **26**, 23[CⅡ]
相関係数についての標準誤差　　67[HⅡ]
相関係数（について）の有意性検定　　223[G], 134[HⅡ], 153[HⅡ], 167[HⅡ]
相関係数の差についての検定　　170[HⅡ]
相関係数の信頼区間　　97[HⅡ]
相関係数の2乗　　**12**
相関係数の標本分布　　61[HⅡ]
相関図　　66[G], 31[HⅠ]
相関的アプローチ　　170[G], 135[CⅢ]
相関的研究　　170[G], 11[HⅡ], 135[CⅢ]
相関の希薄化　　228[HⅡ], **82**, 118[CⅢ]
相関比　　21[CⅡ], 36[CⅡ], 61[CⅡ], 87[CⅢ]
操作確認　　224[HⅡ]
操作チェック　　224[HⅡ]
双方向的因果関係　　41[HⅠ]
測定値の独立性　　287[HⅡ], 288[HⅡ], 289[HⅡ]
測定の信頼性　　**70**
測定の妥当性　　54[HⅠ], **57**
素点　　129[G], 102[HⅠ]

タ

帯域幅と忠実度のジレンマ　　**126**
第1種の誤り　　10[HⅡ], 119[HⅡ]
第1種の誤りを犯す確率に関する概念的単位　　122[HⅡ]
第1種の誤りを犯す確率の統制　　124[HⅡ]
対応がある　　17[HⅡ]

対応が（の）ある1要因の分散分析　26[CⅡ]
対応が（の）ある場合の t 検定　192[G], 109[HⅡ], 206[HⅡ]
対応が（の）ない1要因の分散分析　202[G], 6[CⅡ]
対応が（の）ない場合の t 検定　185[G], 103[HⅡ], 157[HⅡ], 202[HⅡ]
第3の変数　42[HⅠ]
対照群　121[CⅡ]
対照実験　121[CⅡ]
第2種の誤り　10[HⅡ]
代表値　42[G], 8[HⅠ]
対立仮説　156[G], 4[HⅡ], 9[HⅡ]
多重共線性　113[CⅢ]
多重比較（検定）　205[G], 117[HⅡ]
妥当性検討　125
ダミー変数　60[HⅠ], 52[HⅡ], 121[CⅢ]
単回帰分析　5, 61[CⅢ]
単極性尺度　92
単純効果（についての検定）　216[G], 175[HⅡ]
単純相関係数　6[CⅢ]
単相関係数　6[CⅢ]

チ

中央値　43[G], 1[HⅠ], 6[HⅠ]
仲介変数　23[HⅡ]
中心化　79[HⅠ], 109[CⅢ]
中心化されたデータ　79[HⅠ]
中心極限定理　45[HⅡ]
調整平均　98[CⅡ]
調整変数　23[HⅡ]
調節変数　23[HⅡ]
直接効果　42[CⅢ], 51[CⅢ]
直交分解　20

テ

t 分布　85[HⅡ]
データの概念的単位　289[HⅡ]
データの集合による相関関係の変化　159[CⅢ]
データの独立性　248[G], 250[G], 287[HⅡ]

データの変換　125[G], 99[HⅠ]
テスト・ワイズネス　77
点推定　79[HⅡ]

ト

統計的検定　5[G], 151[G], 3[HⅡ]
統計的検定の問題点　147[HⅡ]
統計的推定　151[G], 79[HⅡ]
統計的統制　80[CⅡ]
統計量　157[G], 3[HⅠ], 4[HⅡ]
同順率　242[G], 221[HⅡ]
統制群　121[CⅡ], 133[CⅡ]
統制群法（実験）　121[CⅡ]
統制条件　121[CⅡ]
統制変数　80[CⅡ], 5[CⅢ]
独立変数　168[G], 11[HⅡ]
独立変数化　40[CⅡ]
ともに対応が（の）ない2要因の分散分析　213[G], 47[CⅡ]
トレランス　115[CⅢ]

ナ

内省可能性　98
内的一貫性　123
内的整合性　123
内的妥当性　19[HⅡ], 58
内容（的）妥当性　69, 125

ニ

2項分布　55[HⅡ]
2分法的思考　150[HⅡ], 116[CⅢ]

ネ

ネスト構造　56[CⅡ], 166[CⅢ]

ハ

媒介変数　23[HⅡ], 41[CⅢ], 45[CⅢ], 49[CⅢ]
パス図　30[CⅢ]
外れ値　45[G], 82[G], 2[HⅠ]
パッケージの効果　164[CⅡ]
場面想定法　104
パラメタ　6[HⅡ]

バランス化　　3[CⅡ]
半偏相関係数　　13[CⅢ]

ヒ

ピアソンの相関係数　　72[G], 35[HⅠ]
p 値　　4[HⅡ]
非加重平均値　　120[HⅠ]
非交差の交互作用効果　　183[HⅡ]
非線形変換　　125[G], 142[G], 122[HⅠ]
非標準化効果量　　203[HⅡ], **26**
非標準化平均値差　　203[HⅡ], 226[HⅡ]
標準化　　130[G], 101[HⅠ]
標準化効果量　　203[HⅡ], **26**
標準化平均値差　　116[HⅠ], 203[HⅡ], 226[HⅡ]
標準誤差　　43[HⅡ]
標準得点　　129[G], 101[HⅠ], **4**
標準偏回帰係数　　73[CⅢ]
標準偏差　　48[G], 57[G], 10[HⅠ], 78[HⅠ], **1**
標本　　147[G], 1[HⅡ]
標本の大きさ　　1[HⅡ]
標本の数　　1[HⅡ]
標本分布　　33[HⅡ]
標本平均の分布　　38[HⅡ]
比率についての標準誤差　　56[HⅡ]
比率の信頼区間　　93[HⅡ]
比率の標本分布　　51[HⅡ]

フ

ϕ 係数　　110[G], 58[HⅠ]
フィッシャーの Z 変換　　97[HⅡ]
不完全乱塊法　　18[HⅡ]
「2つの条件の標準偏差の平均的な値」を分母とした標準化平均値差　　207[HⅡ], 213[HⅡ]
負の相関　　69[G], 37[HⅠ]
部分決定係数　　81[CⅢ]
部分相関係数　　13[CⅢ], 81[CⅢ], 87[CⅢ], 124[CⅢ]
不偏推定値　　48[HⅡ]
不偏推定量　　48[HⅡ]
プリテスト　　121[CⅡ]
プリポスト・デザイン　　121[CⅡ]
ブロック化　　173[G], 175[G], 16[HⅡ], 2[CⅡ], 27[CⅡ], 38[CⅡ], 111[CⅡ]
ブロック間変動　　28[CⅡ]
分散　　48[G], 16[HⅠ], **1**
分散拡大係数　　115[CⅢ]
分散説明率　　80[G], **21**, 21[CⅡ], 77[CⅢ]
分散の標本分布　　46[HⅡ]
分散分析　　202[G], 1[CⅡ]

ヘ

平均以上効果　　**97**
平均値　　42[G], 1[HⅠ], 5[HⅠ]
平均値差　　71[HⅡ]
平均値差の標本分布　　71[HⅡ]
平均値についての標準誤差　　43[HⅡ]
平均値の信頼区間　　89[HⅡ]
平均値の標本分布　　38[HⅡ]
平均平方　　204[G], 8[CⅡ]
平行検査法　　**115**
平方和　　204[G], 16[HⅠ], **1**, 7[CⅡ]
ベクトル　　71[HⅠ]
ベクトルの長さ　　74[HⅠ]
ベクトルの成す角　　74[HⅠ]
偏イータ2乗　　36[CⅡ]
偏回帰係数　　68[CⅢ]
偏決定係数　　81[CⅢ]
偏差　　49[G], 2[HⅠ]
偏差平方和　　16[HⅠ], **1**, 7[CⅡ]
変数の合成　　87[HⅠ]
変数の変換　　125[G], 99[HⅠ]
偏相関係数　　5[CⅢ], 64[CⅢ], 81[CⅢ], 87[CⅢ], 142[CⅢ]
変動　　48[G], 16[HⅠ], **1**, 7[CⅡ]
弁別的証拠　　**110**

ホ

ホーソン効果　　126[CⅡ], 133[CⅡ]
母集団　　147[G], 3[HⅡ]
母数　　151[G], 6[HⅡ]
ポストオンリー・デザイン　　122[CⅡ]
ポストテスト　　121[CⅡ]

マ

マッチング　　174[G], 16[HII], 2[CII]

ム

無作為化　　173[G], 175[G], 16[HII], 2[CII], 37[CII]
無作為（標本）抽出　　148[G], 18[HII]
無作為割り当て　　18[HII]

メ

メタ分析　　245[G], 40[HII], 210[HII], 236[HII]

モ

黙従傾向　　87, 94
目的変数　　5

ユ

有意確率　　4[HII]
有意水準　　156[G], 231[G], 244[G], 4[HII]
有意水準の恣意性　　151[HII]
優越率　　242[G], 214[HII]
U検定　　198[G], 275[HII]

U_3　　218[HII]
U_2　　217[HII]

ヨ

要求特性の効果　　125[CII], 133[CII]
予測の誤差　　78[G], **8, 32, 108**, 95[CII]
予測の標準誤差　　**23, 30**, 118[CIII]
4枚カード問題　　14[HII]

ラ

乱塊法　　16[HII]

リ

領域代表性　　**70, 126, 129**
領域適切性　　**70**
両極性尺度　　92
量的研究　　67
理論的構成概念　　60
臨界値　　157[G], 189[G], 8[HII], 154[HII]

ワ

歪度　　53[G], 18[HI], 107[HI]

［執筆者紹介］

吉田寿夫（よしだ・としお）
 所　属　関西学院大学社会学部
 専　門　教育心理学，社会心理学，心理学研究法
 主　著　『心理学のためのデータ解析テクニカルブック』　森　敏昭・吉田寿夫（編）　1990　北大路書房〔共編著〕
  『本当にわかりやすい すごく大切なことが書いてある ごく初歩の統計の本』　1998　北大路書房〔単著〕
  『心理学の新しいかたち―方法への意識―』　下山晴彦・子安増生（編）　2002　誠信書房〔分担執筆〕
  『心理学研究法の新しいかたち』　2006　誠信書房〔編著〕
  『心理学研究法―心を見つめる科学のまなざし―（補訂版)』　高野陽太郎・岡隆（編）　2017　有斐閣〔分担執筆〕
  効果量とその信頼区間の活用　児童心理学の進歩，53，247-273．2014〔単著〕
  『人についての思い込みⅠ―悪役の人は悪人？―』　2002　北大路書房〔単著〕
  『人についての思い込みⅡ―A型の人は神経質？―』　2002　北大路書房〔単著〕
  児童・生徒を対象とした「心のしくみについての教育」　心理学評論，47，362-382．2004〔単著〕
  セルフ・エスティームの低下を防ぐための授業の効果に関する研究―ネガティブな事象に対する自己否定的な認知への反駁の促進―　川井栄治・吉田寿夫・宮元博章・山中一英（著）　教育心理学研究，54，112-123．2006〔共著〕
  なぜ学習者は専門家が学習に有効だと考えている方略を必ずしも使用しないのか―各学習者内での方略間変動に着目した検討―　吉田寿夫・村山航（著）　教育心理学研究，61，32-43．2013〔共著〕

本当にわかりやすい
すごく大切なことが書いてある
ちょっと進んだ
心に関わる
統計的研究法の本 Ⅰ

| 2018年8月10日 | 初版第1刷印刷 | 定価はカバーに表示 |
| 2018年8月20日 | 初版第1刷発行 | してあります。 |

著　　者　　吉　田　寿　夫
発　行　所　　㈱北大路書房
〒603-8303 京都市北区紫野十二坊町12-8
　　　　　　電　話　（075）431-0361㈹
　　　　　　FAX　（075）431-9393
　　　　　　振　替　01050-4-2083

ⓒ2018　印刷／製本　亜細亜印刷㈱
検印省略　落丁・乱丁本はお取り替えいたします

ISBN978-4-7628-3031-0　　Printed in Japan

・JCOPY〈㈳出版者著作権管理機構 委託出版物〉
本書の無断複写は著作権法上での例外を除き禁じられています。
複写される場合は，そのつど事前に，㈳出版者著作権管理機構
（電話 03-3513-6969, FAX 03-3513-6979, e-mail: info@jcopy.or.jp）
の許諾を得てください。

このシリーズ本を読んでいただくにあたって

添付冊子

（全5巻共通）

『本当にわかりやすい すごく大切なことが書いてある ごく初歩の統計の本 補足Ⅰ』
『本当にわかりやすい すごく大切なことが書いてある ごく初歩の統計の本 補足Ⅱ』
『本当にわかりやすい すごく大切なことが書いてある ちょっと進んだ 心に関わる 統計的研究法の本 Ⅰ』
『本当にわかりやすい すごく大切なことが書いてある ちょっと進んだ 心に関わる 統計的研究法の本 Ⅱ』
『本当にわかりやすい すごく大切なことが書いてある ちょっと進んだ 心に関わる 統計的研究法の本 Ⅲ』

吉田寿夫 記

北大路書房

筆者のスタンス

　一度に 5 冊の研究法に関する著書を上梓させていただくことになりましたが，これらは，拙著，吉田 (1998)『本当にわかりやすい すごく大切なことが書いてある ごく初歩の統計の本』(略称『ごく初歩本』) とのセットで，シリーズ本と言えるようなものになっています。そして，その内容のほとんどは，『ごく初歩本』と同様に，多くの先達がこれまでに解説したり論じてきたりしたことを筆者なりにまとめたにすぎないものであり，「古いやつだ」と思われる可能性が高い本だと思っています。また，そのほとんどは基礎的と言えるであろう内容であり，共分散構造分析，階層線形モデル分析ないしマルチレベル分析，ブートストラップ法，媒介分析，傾向スコアを用いた因果効果の推定法，メタ分析，項目反応理論，非心分布，ベイズ推測などといった，近年 (?) 利用されることが多くなった分析法や数学的に高度な発展的な事柄については，少しだけ言及している箇所はありますが，基本的には取り上げていません (というよりも，正直なところ，筆者には，上記のような発展的な事柄について解説するための知識はほとんどありません)。せいぜい，3 巻目からのタイトルに記した「ちょっと進んだ」といった程度の内容です。

　しかし，筆者は，後述する (研究者になることを目指している大学院生を主たる対象とした) 3 回の抜き打ちテストの結果や実際に行なわれている研究に遍在しているさまざまな問題事象を鑑みるならば，古くておせっかいで自明で口やかましいなどと思われそうな基礎・基本的な事柄について確実に「理解」してもらうための著書を今あらためて出版することは，必要性ないし有用性がかなり高いであろうと考えています。発展的な事柄についてしっかり理解するとともに，それらの分析法の有用性が過大評価されることを抑制するためにもです (「便利な統計ソフトを使うことによって，手計算などはとうていできない分析を簡単に行なうことができるようになった現在であるからこそ」とも言えるでしょう)。そして，取り上げている分析法は古くから解説され，使われてきたものであっても，「これまでの本では，こんなことまでは説明していなかった」とか「こんな (手前味噌ですが，わかった気にさせてくれる) 説明の

仕方はされてこなかった」と思っていただけるように，筆者なりに，意味理解を促進するための工夫を随所でしたつもりです。

　学生時代の恩師にあたる先生方に対しては失礼な物言いになるかもしれませんが，筆者は，（心理）統計や心理測定に関する専門的な教育を受けてきた者ではありません。また，高度な内容に関する著書や論文などを多数読んできたわけでもありません（正直なところ，特に洋書に関しては，語学力の低さも関係して，ごく少数のものしか読んでいません）。ですから，曲がりなりにも心理学的研究に関する方法論者であるとは思っていますが，統計や心理測定に関する専門家（理論家やメーカー）ではありません。あくまで一介のユーザーないし実践者であり，学会のシンポジウムなどで専門家の方々と一緒に登壇する際には，「こちら側の方々は統計のキャリア組で，私はノンキャリアのたたき上げです」などというひねくれた自己紹介をよくしています（ネガティブな印象を与えてしまっているかもしれませんが…）。しかし，ノンキャリアのたたき上げであろう者であるからこそ，実践の場で生じているさまざまな問題や多くの人が理解できていないこと・誤解していることなどについての知識は多々有していると思っています。そして，種々の研究法の誤用や不適切な適用を抑制したり，基礎・基本的な事柄についての理解を促進するためには，筆者のような立場の者も多少はお役に立てるのではないかと思っています。

　筆者は，心理統計および心理測定に関する専門家の中でも，非常に幅広くかつ深い知識を有しているとともに，実践の場にも舞い降りて（？）多くの示唆に富む啓発活動をなさっている東京大学の南風原朝和氏に敬意を抱き，研究法に関してわからないことや疑問に思うことがあると，たびたびそれらを南風原氏に投げかけ，ご教示いただいたり，議論をさせていただいたりしています。また，南風原氏が上梓されている南風原（2002）『心理統計学の基礎―統合的理解のために―』や南風原（2014）『続・心理統計学の基礎―統合的理解を広げ深める―』などの著書は，筆者の理解・認識の進展にとって非常に有用であるとともに，理解していることでも「的確に書いてあるなあ，うまいなあ」と感心することが多々あります。しかし，失礼ながら，同時に「多くの初学者にとってはかなりむずかしいだろうな」とか「もっとかみ砕いた説明が必要だろう」などとも思っています（ご本人にも直接そのようにお話ししています）。

そして，学問上はオリジナリティが高かったり高度であったりはしなくても，基礎・基本的な事柄についての多くのユーザーの理解の促進につながる初歩的な著書を上梓することも大切であると思うとともに，「筆者が書く本は，南風原氏の書いた本を読むための基礎づくりになる，前座的なものでいいし，現状を鑑みるならば，そのような本の必要性は高い」と考えるようになりました。

まずは，以上のようなスタンスで書いた本であることを踏まえておいていただければと思います。

それから，今回のシリーズ本では，研究する姿勢や学ぶ姿勢についての「おじさん（いや，もう，おじいさん？）の主張」といったことを多々述べています。そして，それらの多くは，先にも記したように，さしでがましいおせっかいな内容であったり，自明のことであったり，「人の揚げ足とって飯の種（筆者の場合は，酒の種？）」といった，たちが悪いと思われかねない内容になっています。ですから，不快に感じる方もいらっしゃるかと思いますが，「現状を少しでも望ましいであろう状態にしたい」，「妥当性の低い証拠に基づく不当な結果・主張の一人歩きと言えるであろう事象を抑制したい」という思いで述べていることですので，ご寛恕いただければ幸いです（もちろん，筆者のおせっかいが不要な方は多数いるでしょうし，批判が該当しない妥当性の高い研究も多々あるとは思っています）。

各巻の内容や略称

まず，5巻の中の最初の2つは，『ごく初歩本』の内容を補足したものであり，ふざけていると思われるかもしれませんが，そのまま，『本当にわかりやすい すごく大切なことが書いてある ごく初歩の統計の本 補足Ⅰ』，『本当にわかりやすい すごく大切なことが書いてある ごく初歩の統計の本 補足Ⅱ』というタイトルを付けました。略称は，『補足本Ⅰ』，『補足本Ⅱ』であり，各々の内容は，以下の通りです。なお，『ごく初歩本』よりも前に出版された，実用書といった面が色濃い本である，森・吉田（1990）『心理学のためのデータ解析テクニカルブック』も今回のシリーズ本の中の所々に登場しますが，これについては『テクニカルブック』と略記します。

『補足本Ⅰ』　『ごく初歩本』における記述統計に関する部分である1章〜5章の内容を補足した本です。加筆していることもありますが，多くは，重要なことについての再説明といった意味合いが強い内容です。また，今回のシリーズ本において解説する多くの分析法について確実に理解する上で必要になる基礎的な事柄である「標準偏差と相関係数のベクトルによる表現と変数の合成」ということについて，1つの章を設けて，筆者なりにていねいに説明しました。

『補足本Ⅱ』　『ごく初歩本』における推測統計（の中の統計的検定）に関する部分である6章〜9章の内容を補足したものであり，こちらについては，再説明よりも，加筆と言えるであろう内容が多くなっています。また，難易度がやや高くなるために『ごく初歩本』においては省略してしまった標本分布と信頼区間の算出ということについて，それぞれ1章を設けて説明しました（これについても，内容は，これまで多くの著書で説明されてきた，まさに「古い」ことですが，なるべくわかりやすいものになるように配慮したつもりです）。さらに，『ごく初歩本』の9章である「統計的検定の問題点・適用上の留意点」については，検定力ということに関する説明を加筆するとともに，適用上の留意点に関して，多くの具体例を提示しながらの補足説明や加筆をしました。それから，近年，統計的検定への過度の依拠から脱却するために知っておく必要性が高くなった「効果量とその信頼区間の活用」ということについても，1つの章を設けて，基本的な事柄についてなるべくわかりやすく解説するとともに，それらの活用のあり方に関して先達が論じてきたことの筆者なりのまとめと私見を，望まれる基本姿勢といった精神論も交えて記しました[1]。

次に，残りの3巻について説明します。これらの巻の内容の多くは，『ごく初歩本』では取り上げなかったことや，少ししか言及しなかったことです。そして，『補足本』に比べ，データの分析法だけでなく，測定法や実験計画法な

---

1) この部分については，本シリーズ全体の最後の方の原稿を書いているときに高野・岡（2017）『心理学研究法―心を見つめる科学のまなざし―（補訂版）』における同様の事柄についての執筆依頼があったため，そこで記したこととかなり重複した内容になっています（ただし，今回のシリーズ本の方が紙幅に余裕があったため，よりていねいな説明になっていると思います）。

どのデータの収集法に関わる内容についても多くの紙面を割いています。また，『ごく初歩本』と『補足本』に比べて，やや高度で難解であろう内容が多くなっています。そこで，「統計の本」ではなく「心に関わる 統計的研究法の本」とするとともに，「ごく初歩の」ではなく「ちょっと進んだ」として，それぞれのタイトルを，『本当にわかりやすい すごく大切なことが書いてある ちょっと進んだ 心に関わる 統計的研究法の本Ⅰ』，『本当にわかりやすい すごく大切なことが書いてある ちょっと進んだ 心に関わる 統計的研究法の本Ⅱ』，『本当にわかりやすい すごく大切なことが書いてある ちょっと進んだ 心に関わる 統計的研究法の本Ⅲ』としました。略称は，『ちょっと本Ⅰ』，『ちょっと本Ⅱ』，『ちょっと本Ⅲ』であり，各々の内容は，以下の通りです。

『ちょっと本Ⅰ』　この巻には，「単回帰分析」と「測定の妥当性」と題した2つの章しかありません。前者は，ある1つの変数の値から別の1つの変数の値を予測ないし推測する際に用いられる分析法であり，そのものが心理学的研究などにおいて用いられることはほとんどありませんが，それ以降の（実際に頻繁に用いられている）多くの分析法について理解するための基礎知識として非常に重要になるものです。単回帰分析のことがしっかり理解できていなければ，『ちょっと本Ⅱ』，『ちょっと本Ⅲ』で取り上げる，共分散分析，偏相関係数，部分相関係数，重回帰分析などについては，「本わかり」と言えるであろう状態にはならないと思います。そして，単回帰分析について，こんなに多くの紙幅を使って説明している本は，他にはまずないであろうと思っています。それから，後者は，「測定値が，測定しようとしている変数を的確に反映している程度」と言える事柄であり，測定しようとしている変数が直接観測することができない抽象的な構成概念であることが一般的である心理学的研究においては，極めて重要になることです。これについても，非常に多くの紙幅を使って，測定の妥当性ということの詳しい意味や，測定の妥当性について検討する際の留意点・望まれる姿勢，多くの人に誤解されていることや認識されていないであろうことなどについて，筆者なりにていねいに説明しました。

『ちょっと本Ⅱ』　この巻では，「実験的研究における剰余変数の統制」ということを軸に，1要因の分散分析，2要因の分散分析，共分散分析，プリポス

ト・デザインによるデータの分析，について説明しました。その際，筆者が学生時代に読んだ本の多くにおいては説明されていたけれども，近年の本の多くにおいては説明されていない，各分析法の論理に関して，筆者なりの説明をしました。そして，非常に手前味噌ながら，特に共分散分析に関しては，その意義と論理に関して，今回のように具体的にていねいな説明をしている本は，他にはほとんどないであろうと思っています。また，プリポスト・デザインによるデータの分析は，実践の場が「特定の不当な方法の伝染・蔓延」と言えるであろう状態になっている面が強い事柄であり，それらの方法がなぜ不当なのかや，ではどうしたらよいのかについて，ていねいに説明したつもりです。さらに，その章では，実践的な介入研究を行なう際の留意点・実際に行なわれている研究の問題点といったことについても，おせっかいな主張を多々させてもらいました。

　『ちょっと本Ⅲ』　この巻は，「偏相関係数」，「重回帰分析」，「個人内変動に基づく相関的研究と個人間変動に基づく相関的研究」と題した3つの章しかありません。それらの中で，偏相関係数と重回帰分析は，パス解析，共分散構造分析，階層線形モデル分析ないしマルチレベル分析，媒介分析などといった発展的分析法について理解する際の基礎になるものです。これらについても，『ちょっと本Ⅱ』までで説明したことをベースにしながら，多くの他書に比べて紙幅を非常に贅沢に使って，意義および論理や適用上の留意点などについてしっかり理解していただくための筆者なりの説明をしたつもりです。また，「個人内変動に基づく相関的研究と個人間変動に基づく相関的研究」ということは，相関的研究と呼ばれる方法による従来の研究のほとんどに非常に大きな問題があることを指摘することになる，極めて重要な事柄です。この問題については，前掲の南風原氏や筆者がかなり前から啓発的な活動を行なってきましたが，事態がほとんど変わらないため，今回あらためて取り上げることにしました（これまた手前味噌になってしまいますが，筆者は，1990年に開催された日本社会心理学会の『多変量解析の光と闇』と題したワークショップにおいて，すでにこの問題を取り上げています）。

なお,『ごく初歩本』においては,「統計の本」という言葉を使い, 心理統計という限定は付けませんでした。しかし,『ごく初歩本』は,「ごく初歩本のシェアを奪います（^^）」と（第2著者が）直接筆者に宣言して出版された（そして, 本当にその通りになったようである）山田・村井（2004）『よくわかる心理統計』などの「心理統計」とか「心理（学）のための~」などと題している多くの統計書よりも,「心理学的研究における統計」という色合いの濃いものだと思っています（山田氏と村井氏のお師匠さんである前掲の南風原氏も, そのように言ってくださっています）。では, それなのに, なぜ「心理統計」などとしなかったのかというと, 正直なところ, 1つには,「なるべく多くの領域の人に買ってほしい」という筆者のいやらしい打算が働いていたからです。しかし, それだけではなく, 心理学的研究であるという認識が（明確には）なくても（言い換えれば, 心理学というラベルのもとで行なわれているものではなくても）, 知・情・意の精神作用が関わっていると考えられる事柄に関する研究に従事している人にとっては『ごく初歩本』は有用であろうと思っていたことも, あえて「心理統計」とか「心理学のための統計」などとしなかった理由であったと思っています（後付けかもしれませんが）。そして, 今回のシリーズ本（その中でも, 特に, 3冊の『ちょっと本』）の内容は,『ごく初歩本』以上に,「心に関わる研究」という色合いの濃い内容になっているとともに, 先に記したように,『補足本』に比べて, データの分析法だけでなく, データの収集法に関わる内容についても多くの紙面を割いています。このようなことが,『ちょっと本』のタイトルに「心に関わる 統計的研究法」という言葉を用いた理由です。

　それから,「（古くから多くの統計書で解説され, かつ, 多くの研究において実際に使われてきたとともに, 現在もなお多用されている分析法である）因子分析が取り上げられていないのは, どうしてなのか」と疑問に思われる方がいるかと推察されます。この疑問は当然のことだと思います。そして, 理由は簡単です。筆者のエネルギーが切れてきたとともに,「まずは, これまでに書いたものを早く世に出そう」と考えただけです。ですから, 今後, 時間的な余裕ができ, かつ, エネルギーが補充されたならば,『ちょっと本III』を加筆したりするかもしれません。ただし, 一方で, すでに『ちょっと本I』の「測定の

妥当性」の章や吉田（2002）などにおいて適用上の主な留意点について論じているので，新たに書く必要性は低いかもしれないとも思っています[2]。

まず踏まえておいていただきたいこと

以上に記したこと以外で最初に踏まえておいていただきたいいくつかのことについて，以下に，箇条書きの形で列記します。

[1] いずれの巻についても，『ごく初歩本』と同様に，大学の講義などで補足説明をしてもらわなければ理解できないものではなく，1人で読んでも十分理解できる本になるように心がけました。

[2] 既有知識がかなりある場合には別ですが，基本的には，『ごく初歩本』から『補足本Ⅰ』，『補足本Ⅱ』，……，『ちょっと本Ⅲ』の順に読まないと理解が困難であるようになっています。これは，学習というものは，本来，既有知識との関連づけがなされながら進むものであり，とりわけ，統計についての学習はこのような面が強いものであろうことから，致し方がないことだと思います。

[3] 南風原・平井・杉澤（2009）『心理統計学ワークブック—理解の確認と深化のために—』という著書があります。これは，心理統計に関するものとしては非常にめずらしい類いの本だと思いますが，サブタイトル通り，心理統計についての理解の確認と深化にとって有用なものだと思います。そこで，今回

---

[2] 今回のシリーズ本は，量的研究とか統計的研究と呼ばれる研究の方法について解説したものですが，筆者は，質的研究（と呼ばれているもの）を軽視しているつもりはありません。質的研究の中にも，「おもしろい」，「意義がある」，「方法が巧みだ」などと思えるものはたくさんあります。また，実際に行なわれている質的研究の方法に関して批判的な主張をしたいことも多々あります（たとえば，修正版グラウンデッド・セオリー・アプローチ：M-GTAと呼ばれる方法に沿って型にはまったことを遂行してはいるけれども，問いや対象としている事例の選出が洗練されていないために，見いだされていること・論じられていることが常識の整理にすぎないと思われる内容であったり，意義があまり感じられないものであったりする研究が少なからずあるように思っています）。さらに，そもそも「量的研究 vs. 質的研究」というように2項対立的にとらえるべきものではないとも思っています（多くの人は，そのように考えてはいないかもしれませんが）。多分に余分な話だったかもしれませんが，お含みおきください。

のシリーズ本にもワークブックとしての機能をもたせようと考え，一部の章を除いて，章末に多くの練習問題を提示するとともに，それらについての解答に関して，多くの紙幅を使って，ていねいな解説を行ないました（特に『補足本Ⅰ』と『補足本Ⅱ』は，ワークブックという面が強くなっていると思います）。ただし，単なる計算練習やルーチン的な分析・解釈の練習のような問題ではなく，理解の確認・定着・広がり・深化などに資するであろう（そして，多くは，南風原氏らによるものとは類いの異なる）問題を筆者なりに考えて作成しました。ですから，本文を読むだけでなく，極力，練習問題にも取り組んでいただければと思います。なお，練習問題は，一部の例外的なものを除いて，電卓なども含め，持ち込み一切不可のテストの問題であることを想定したものです。また，基本的には，種々の統計量の定義式ないし計算式を覚えていなければ正解できないものではありません。これらのことを踏まえ，「意味理解に基づく推論」ということを重視してトライしてください。

4　1つひとつのことについて複数の例を提示していることが多いとともに，言い換えをしている箇所が多々あるために，「くどい」という印象を抱かれる可能性が高いと思っています。このようなことには，「くどい」という言葉がフィットするような傾性が筆者に元来あることも関与しているでしょうが，理解の確認・定着・広がり・深化がなされてほしいという思いや，理解したことの実践の場における活用が促進されてほしいという思いが反映したものだと，当人としては考えています（合理化ないし正当化かもしれませんが）。それから，筆者の文章は，一文が長いことが多いとともに，かっこ書きが多いために，読みにくいと思われる可能性が高いであろうことも自覚しています。ある程度は気をつけて修正したつもりですが，「思いや考えが的確に伝わるように」という気持ちの表われであるとともに，筆者の個性であると寛容にとらえていただき，がまんして読んでいただければ幸いです。すみません（「でも，だけど，…」というようにクリティカル・シンキングを働かせることが病的なまでに習慣化しているために，断定的な表現を使うことに抵抗や違和感を覚えてしまい，すっきり，ないし，はっきりしない文になっている面も多々あると思います）。

どのようなことを目的として，どのような内容について，どのように書いたか

　それでは，これまでに記したことと多少重複してしまいますが，この「添付冊子」において筆者がみなさんに最も伝えたい事柄である標記のことについて詳しく述べます。なぜそうするのかと言うと，このようなことについての筆者の思いを頭の片隅に置きながら本文を読み進めていただきたいからです。ただし，すぐに本題に入るのではなく，先に，筆者の思いに説得力をもたせることにつながるであろう事例について記させていただきます。

● 3回の抜き打ちテストの結果が示唆していると考えられること

　意地が悪いたちであろう筆者は，これまでに，複数の大学の大学院生や大学教員などを対象として，統計に関する抜き打ちテストを3回実施させていただきました。ここでは，それらの概要を提示した上で，統計に関わることを中心とした研究法についての学習および教育の現状に関して結果が示唆していると考えられることを簡潔に述べます。

　まず，各回のテストを受けてくださった方々は，以下のような人たちです。

　　1回目：関西にある，心理学の研究者養成をしている複数の大学の（心理学の中でも多変量解析などの数学的に高度な分析法を使うことが多いであろう領域である）社会心理学を専攻している大学院生21人

　　2回目：研究者養成に重点を置いている4つの国立大学（そのうち3つは旧帝大であった大学）の心理学専攻の大学院生や大学院を修了した方々など129人

　　3回目：ある（旧帝大であった）国立大学において開催された，統計に関するオープンな集中講義の受講者135人。専門ないし専攻は，主に心理学と工学で，他にも，統計学，スポーツ統計，医学，脳科学，数学，情報数理科学，経済学，国際関係論，社会学，教育学，英語教育など，多種多様でした。また，多くは大学院生でしたが，大学教員や研究員である方々なども20人以上受講していました。

次に，テスト問題の内容は，ほとんどが（研究者になることを目指している大学院生にとっては）基本的事項だと考えられる（ないし，そうであってほしい）事柄に関するものです。具体的内容は，ここでは提示しませんが，1回目に関しては（一部を）吉田（2002）に，2回目に関しては吉田（2006）に，正解およびその解説と正解率とともに掲載してあります。また，3回目に関しては，一部を，今回のシリーズ本のいくつかのところに提示してあります。

　それでは，結果です。

　まず，失礼ながら「出来はそれほど良くないのでは…」という予想を漠然と抱いてはいましたが，結果はいずれも予想をはるかに越え，正解率が非常に低いと言えるであろうものでした（具体的には，上記の吉田，2002，2006や本文を参照してください）。また，2回目のテストにおいて，「パソコンを使わずに分析をしたことがない」という（象徴的な？）記述をしている人がいたとともに，「プリポスト・デザインを用いて得られたデータの分析法」に関して自由記述を求めた問題では，「何か適当に統計ソフトなんかを使ってみる」という記述もみられました。それから，1回目のテストのときに「数式を覚えていなければできない問題を出すのはずるい」といった内容の（不満を表出していると考えられる）発言をした人がいましたが，これは筆者にとってはまさに「飛んで火に入る夏の虫」的発言です（なぜならば，実際には，どの問題も各分析法の意味をきちんと理解していれば数式を覚えていなくても正解できるはずのものであるからです）。

　最後に，以上のような結果から筆者が思ったことを記します（もっとも，いずれも，もともと多少なりとも思っていたことですが…）。

　まず，「ただ型にはまったことが機械的に行なえるようになるための手続き的な事柄の修得にウエイトが置かれすぎていて，種々の分析法の意味に関する基礎・基本的なことについての学習が極めておろそかになっているのでは」と思いました。また，「用いる分析法（たとえば，共分散分析や重回帰分析）について（きちんと）解説してある本などを読まずに，人の研究の模倣を（ただ，統計ソフトを使って）やっている人が多いのでは」とも思いました。さらに，単回帰分析や重回帰分析などの基本的事項に関する問題に正答するための基礎的知識を身につけずに共分散構造分析などを使っている（または，使おう

としている）人たちが多いであろうことに，今さらながら，強い危惧を覚えました。それから，「本来適用されるべき，より妥当な方法が存在するにもかかわらず，"一般に用いられている方法＝妥当な方法"というアンクリティカルな思い込みが介在して，特定の不当な研究法が伝染し，蔓延しているのでは」という懸念も抱きました。

なお，2回目のテストを実施してくださった大学の先生から「大学院入試の頃なら，もっとできたはずだ」という弁明があったことをお聞きしましたが，このことから，筆者は，「試験が終わったらすぐに忘れてしまうような，藤澤（2002a，2002b）の言う，"ごまかし勉強"が横行しているのではないか」と思いました。

◯ 今回のシリーズ本のねらい

ここからが本題であり，まずは（最も重要だと考えている）「主にどのようなことを目的として今回のシリーズ本を書いたのか，言い換えれば，読者のみなさんにどのようなことを育もうとしているのか」ということについての筆者の思いを述べます。なお，思いがたくさんあるので箇条書きのような形で列記しますが，以下の各事項はきれいに排他的になっている内容ではなく，相互に関連している面が多分にあるものです。

❶ 統計に対するネガティブなイメージの変容の促し

筆者の授業の受講生の人たちに「統計に対するイメージは」という質問をすると，たいてい，「むずかしい」，「とっつきにくい」，「つまらない」などというような回答が返ってきます。もちろん，うれしくはありませんが，無理もないことだと思います。なぜならば，実際に統計は「むずかしくないものではない」と考えられるからです。しかし，「統計はむずかしい」，「どうせわからない」などと思っているだけでは（こちらが提示していることの取り入れが頭の中につくられたバリアーによってさえぎられているような状態である）認知遮断と言えるであろう心理過程が働いて，理解が阻害され，そのために，統計に対するイメージがますますネガティブなものになってしまいがちだと考えられます。ですから，「わかりやすさ」を重視して，「わかってもらう，ないし，わかった

気になってもらう」ための説明を心がけ，それによって，「ちゃんと学ぼうとすれば，けっこうわかるぞ」，「(意味が)わかるって，おもしろい」と思ってもらえればと願っています（このように「わかることのおもしろさを感じてほしい」ということも，今回のシリーズ本を書く際の筆者の思いの1つです）。

　なお，余談かつさしでがましい話になってしまいますが，筆者は，統計についての教育をする側が「(意味を)理解すること」と「(統計ソフトを使って型にはまったことを)やれるようになる（言い換えれば，慣習になっているやり方がわかる）こと」をしっかり区別していない（ないし，それらの重要性についてあらたまって考えることをしていない）とともに，一般に論じられている学生の学力および意欲の低下や「とにかく使えるようになりたい」という安易なニード，さらには，卒業論文を円滑に遂行させなければならないという思いなどに不用意にとらわれていることが，手続き的な事柄の修得に過度にウエイトを置いた教育が行なわれがちであることに強く関わっていると思っています。そして，多くの若者が夜遅い時間に活動するようになったことに合わせて深夜営業のコンビニなどができ，それが若者の夜型の生活を助長したであろうのと同様に，上記のような学生の現状についての不用意な考慮は学生の学びの有り様をより安易で本来望ましくないであろうものにさせているのではないかとも思っています。もちろん，わかりやすい教育を行なうこと自体は（通常）大切でしょう。しかし，手続き的な事柄を過度に重視した教育では，本来の「わかった」という感覚をもってもらうことはできないと思います。また，少なくとも筆者の経験からは，基礎的な事柄について学習してもらった上で，それ相応の説明をすれば，（失礼ながら）学生さんたちの基礎学力がそれほど高くはなくても，「わかった」とか「なるほど」という感覚を伴う意味理解を促すことは十分可能だと思います。のっけから，多くの読者のみなさんにとってはお門違いの，「統計教育を行なっている方々への（要らぬおせっかいである）主張」になってしまいました。すみません。

2　研究を行なう際や研究法について学ぶ際の望ましいであろう姿勢ないし態度の育成

　これまたおせっかいながら，今回のシリーズ本には，「統計的研究を行なう際や統計ないし研究法全般について学ぶ際の姿勢ないし態度といったものが望

ましいと考えられる状態になるように」という思いも色濃く反映していると思います。そして，筆者が望ましいと考え，育みたいと願っている姿勢ないし態度は，自らの考えを反証の危険にさらすリスキーな検証をしようとすること，ストイックに手間暇をかけること，安易に思考終止せずに論理的・多面的・主体的・柔軟に考えようとすること，判断保留的態度ないし曖昧さへの耐性をもつこと，などです。もちろん，このようなことは多分に価値観が関わることであり，絶対的に正しいと言えるようなものではないと思っています。まさに「おじさんの主張」といったものです。ですから，筆者の主張に耳を傾けてくださった上で，ご自分なりの姿勢や価値意識を形成していただければと思います。

なお，筆者は，「ある統計的手法の意味（すなわち，"論理・しくみ"と"意義・働き"）について理解していく過程と，実際の研究活動において仮説検証を行ないながら理論を進展させていく（すなわち，人間の心のしくみや働きについての理解を深めていく）過程はパラレルである」という認識をもって地道に学習することが大切だと思っていますが，これが具体的にどういうことであるかについては，『ちょっと本Ⅱ』の115～116ページなどを参照してください[3]。

❸ 基礎・基本的な事柄についての確実な理解と，それに基づく自己学習および生涯学習の促進

先にも記したように，学習というものは，本来，既有知識との関連づけがなされながら進むものであり，とりわけ統計についての学習はこのような面が強いものだと思います。ですから，当然のことながら，有意味かつ確実な学習をするために本来必要なはずの基礎的な知識が獲得されていなければ，そのような学習は成立しないはずです。また，既有知識との関連づけが適切になされなければ，「わかった」とか「あっ，そうか」とか「なるほど」などというような理解の進展についての認識が生じないために，「おもしろい」という感覚に付随した学習への動機づけも高まりにくいものと考えられます。

しかし，「現状は」というと，少なくとも統計に関しては，一般に，数学的

---

[3] ❷の項に記したことは，他の項に記したことと多分に関連ないし重複しています。それから，学びのあり方については，藤澤（2002a, 2002b），市川（2000），麻柄（2002），西林（1994, 1997, 2009）などを読むことをお薦めします。

に高度な事柄の学習が優れた研究者になる（ないし，優れた研究を行なう）ための条件として過大視されているように思われます。また，特に大学院生に対する教育においては教える側にも同様の風潮があり，学生の知識水準の現状から大きく乖離した高度すぎる内容が（その前に獲得すべきであろうことの教育を十分にせずに）取り上げられることが多いように推察されます。もちろん，「高度な（そして，多くの場合，新しい）事柄について学ぶことに意味がない」などと言うつもりは毛頭ありません。それはそれで，本来は望ましくかつ必要なことでしょう[4]。しかし，基礎的なことを十分に学習することなく，わけがわからないままに，ただ型にはまったことが機械的に行なえるようになるための勉強ばかりをしていることが，研究法の力の過大視を生じさせ，過度の論理的飛躍を伴う不当な結果の一人歩きを横行させてしまっているであろうことに，もっと目を向けるべきだと思います。（コンピュータを用いることによってしか実行できない，多くのユーザーにとってブラック・ボックス化していると言えるであろう）数学的に高度な統計手法を適用すると，その高度さに惑わされるのか，留意すべき基本的な事柄についてじっくり考えることを怠りがちであるように思うのです[5]。

　また，研究法についての学習は，自己学習および生涯学習に委ねなければならない面が非常に大きいものだと思います。そして，自己学習および生涯学習を適切かつ継続的に行なうためにも，基礎・基本的な事柄についての確実な理解は重要になると考えられます。そして，さらに，研究者になることを志している人は，このようなことを明確に踏まえておく必要があると思います。研究者にとって生涯学習は当然のことですが，その際，研究法についての生涯学習も怠らないことが大切です。特に，基礎・基本的なことについては，学生時代

---

[4] ただし，筆者は，数学的に高度な分析法が（心理学的研究を行なう上で）必ずしも有用であるとは限らないとも思っています。

[5] 筆者は，教育心理学に関わる論文を読んだり，学会発表を聴いたりすることが多い人間ですが，残念なことに，少なくともこれまでの我が国における教育心理学に関わる研究には，妥当性に大きな問題があると考えられる結果に基づいて教育実践に関するなんらかの主張ないし提言をしているものが遍在しているように思われます。また，教育現場で用いられている（特に，質問紙法による）心理検査の中には，『ちょっと本Ⅰ』の2章で取り上げる「測定の妥当性」ということに関して極めて不十分な検討しかしていないと考えられるものがあります（用いるのが有料である，市販されているものでもです）。自分では，このようなことが本文に記したような思いの形成に関わっていると思っています。

にいったん学習すると，多くの場合それがかなり不十分であるにもかかわらず，あらためて学習することがほとんどなくなってしまいがちです。しかし，「心のしくみや働き」といったやっかいなものについて究明することを目的とした研究の方法というものは，学生時代の学習だけで事が足りるほど奥が浅いものではないと思います。

4　各分析法の意味についての確実な理解

　見出しに記した「意味」ということには，次のような2つの意味があります。1つ目は，「なぜ，このような方法を用いる必要があるのか（すなわち，このような方法を用いるメリットおよび用いないデメリットは何なのか，このようにしないとどのような問題が生じる可能性が高くなるのか）」といった，意義です。そして，2つ目は，「この方法（ないし，手続きや数式）は，なぜ，このような型になっているのか（言い換えれば，この方法は，どのような理屈のもとに成立しているのか）」といった，論理です。筆者は，これらのことを重視した学習をしないと，知識の定着が望めないとともに，学ぶことがおもしろくなくなってしまうと思っています。

　また，意味理解を重視した学習がなされていないために，ある型を学ぶと，どのような場合にもそれを適用してしまう，一種の思考終止や手段の目的化と言えるであろう状態が生じているように推察されます。しかし，いかに論理が妥当で精緻であれ，どのような研究法も，それを適用する実践の場においては，柔軟に型を崩したり，その研究法をベースにして新たな型を創造したりする必要が生じる可能性を有しています。たとえば，筆者が従事してきた教育実践に関わる研究では，多くの場合，「そもそも，なんのためにこのような研究を行なっているのか」という本来の目的と倫理的な問題を第一義とした上で，教育現場の実状や要請なども踏まえながら，どのような方法を用いるべきかについて熟考しなければなりませんが，そのような際には，たいてい，型を崩した方がよいという判断をすることになります[6]。

---

[6] 「そもそも，曖昧かつ倫理面の配慮を多分に必要とする，人の心などというものを相手にしている学問領域において，そうではない対象を相手にしている領域においても使われている方法が，そのまま無批判に型通り適用できるわけがない」と考えた方がよいのかもしれません。

もちろん，型を学ぶことは大切だと思います。しかし，その際に上記のような「意味」についての理解を伴った学習をしなければ，型通りにしなかったときにどのような問題が生じるのかが的確に想定できないために，状況に応じて柔軟かつ適切に型を変容させることができなくなってしまうと考えられます。「統計ソフトを使って統計書に掲載されている例に沿った結果が出力でき，定型的な解釈および記述ができる」ことが「統計ができる」とか「統計を理解している」ことではないと思います。波多野（1983）の言う，適応的熟達者を目指してほしいと願っています。

　なお，「一般的な型や手続き的な事柄について学んでいないと卒業論文や修士論文などの作成が円滑に行なえない」というようなご意見も存在するかと思います。もちろん，このようなご意見は，ある意味ごもっともであり，「一般的な型や手続き的な事柄についての修得は必要ない」などと主張しているのではありません。言いたいことは，「一般的な型や手続き的な事柄の修得を過度に重視した（ないし，そのようなことを優先させた）教育および学習は，本末転倒で手段の目的化と言えるものではないか」ということです。「意味がよくわからないままに，お作法（らしきもの）に沿ったことを機械的ないし無難に遂行するだけでよいのか」，「卒業論文などを作成する本来の主たる目的は何なのか」，このようなことについての問い直しが必要ではないでしょうか。

5　自他の研究に対してクリティカル・シンキングをする態度や能力の育成

　筆者は，研究法の論理は合理的で精緻であっても，ことに心に関わる研究においては，方法上まったく問題のないものは現実にはあり得ないと思っています。そして，それは，主に，①心に関わる研究では，通常，直接観測することができない構成概念を相手にしているために，その操作や測定の方法に"完全"と言える状態があり得ないこと，②どのような心理現象にも非常に多くの変数が複雑に絡み合って関与しており，各研究においてそれらのすべてを考慮することはできないこと，③各研究は，参加者の特性や実施される状況などに関する種々の変数に関して，限られた条件下で行なわれていること，などに起因していると考えられます[7]。また，このような「元来そうであって，致し方ない」というようなことだけでなく，種々の研究法に関して明らかに不当だと

考えられる適用をしている研究も散見されます。したがって，データと乖離した不当な主張を自らがしたり，他者が行なった研究の結果を無批判に受け入れたりしないようにクリティカル・シンキングを働かせることは，非常に重要だと思います。そして，その際には，前項に記したような「安易な思考終止や手段の目的化などと言えるであろう，マニュアル化された思考や実践からの脱却」，"文脈に依存しない，普遍的・絶対的な正しい適用法が存在する"というような認識の是正」，「データと相談しながら，（自己責任を自覚して）主体的な判断をする姿勢や能力の獲得」といったことが大切になると考えられます。

　なお，現時点では，筆者は，クリティカル・シンキングを，「物事に対する思考が論理的で感情に過度に左右されていないことや，柔軟であったり慎重であったり多面的であることなどを意味している，思考の仕方に関する概念」というようにとらえています。ここで，批判の対象として想定しているのは，本来，自らの思考であり，自らの思考に対して意識的に吟味をする（深く自分を省みるという）内省的・熟慮的思考と言えるものだと考えています。ですから，当然のことながら，他者を否定したり非難したりするための思考を指すものではありません。そして，他者の言動の背後にあると考えられる思考に対するクリティカル・シンキングや情報の信憑性についての吟味といったことも，それらを自身が無批判に受け入れてしまうことにチェックをかけたり，自らの思考をクリティカルなものにしていくための思考だと考えています。また，人間の思考は，多くの場合，自動的・無意識的であるとともに，自動的になされた思考に対してチェックがかからないままになんらかのイメージ形成や判断がなされることが多いことが，多くの心理学的研究によって知られています。そして，このような自動性ということを踏まえると，多くの場合，思考の論理性とともに（ないし，論理性よりも），「安易に（思考停止ではなく）思考終止して断定をせずに，"でも，〜かもしれない"，"だけど，…の可能性もある"などと，あれこれ考えること」がクリティカル・シンキングにおけるポイントに

---

7) 1つ目に記したことについては，『ちょっと本Ⅰ』の2章で論じています。また，3つ目に記したことについては，『ごく初歩本』の245〜247ページや『補足本Ⅱ』の235〜240ページなどで論じています。

なると思っています[8]。

　それから，多くの人にとって自分の思考や行動のよくないところというのは気づきにくいものですから，「人の振り見て我が振り直せ」という諺が示唆しているように，「まずは他の人の研究の方法のよくない面に注意を向け，そこで気づいたことをチェック・ポイントとして自分の研究の方法を正す」という方策が（たちは悪いかもしれませんが）有効になると思います。そして，その際に大切なことは，「考えたことをメモすること（すなわち，可視化すること）」と「後で，それらを整理すること」だと思います[9]。

6　統計に対する絶対視・過大評価の抑制

　統計的データに基づく主張という行為は，本来，証明という手続き（のみ）に基づくものではなく，個々人の判断（ないし，意思決定）という，主観性を完全に排除することはできないであろう過程が介在するものです[10]。言い換えれば，心理的事象に関する現実の問いは，数学の論理のみで結論を下すことができるものではありません（当然のことでしょうが）。そして，『ごく初歩本』の231～232ページに例示したように，統計には曖昧で恣意的な面が多々存在しています。このようなことから，筆者は，「統計に対する絶対視ないし過大

---

[8] このような意味で，筆者が追究しているクリティカル・シンキングをする姿勢や能力は，「曖昧さへの耐性の形成」という面を多分に有しています。それから，「この場合，（一般によく使われているであろう）思考停止という言葉よりも思考終止という言葉の方が適切である（すなわち，問題なのは，考えることをいったん止めることではなく，終わらせてしまうことである）」と考えるようになったのは，クリティカル・シンキングという言葉を世間に広めた立役者の1人であろう兵庫教育大学の宮元博章氏のアドバイスがあったことによります。

[9] Sternberg（1997）が論じているように，クリティカル・シンキングをする姿勢や能力の育成は，統計教育ないし研究法教育だけでなく，心理学教育全般の重要な目的だと思います。
　　なお，長年，非常勤講師をしている大学の学生さんが，筆者の授業に対して，「この授業は，統計の授業というよりも，統計を題材にしたクリティカル・シンキングに関する授業だ」という感想をレポートに記してくれたことがあります。筆者は，この感想をうれしく思うとともに，読者のみなさんが同様に感じてくださったならば「しめしめだ」と思っています。また，「まだ自分たちが実際に研究をやっているわけではないのに批判的なことばかり聞かされて，怒られているようで嫌だった」というような感想が寄せられたこともあります。これについては申し訳ないと思うとともに，読者のみなさんにも同様の思いを抱かせてしまう可能性があるのではないかと懸念しています。しかし，もちろん，怒っているつもりなどは毛頭ありません。あくまで，本文に記したような意味でのクリティカル・シンキングを促進して，データと乖離した不当な主張をしたり，他者が行なった研究の結果を無批判に受け入れたりしないようになってほしいという思いが反映したものです（と，自分では思っています）。このことを踏まえ，寛容な態度で読んでいただければ幸いです。

[10] このことについては，『補足本II』の6章で論じています。

評価を抑制したい」という思いも抱いています（これは，前項に記した「クリティカル・シンキングの促進」ということの構成要素の1つであると言えるであろう事柄です）。

7 「心に関わる研究」という文脈を考慮した知識の形成

5 の最初に同様のことを記しましたが，統計学は論理的には美しいものであるとしても，それを個々の学問領域において実際に使う「実践」においては，種々の問題が生じます。そして，泥臭くて曖昧な，各研究者の「みなし」を必要とする面が多々存在しています。したがって，統計的手法というものは，データが収集された文脈や収集されたデータの様相を踏まえながら，各研究者が自己責任を認識した上で，主体的な判断をして使用しなければならないものだと考えられます。各分析法の意味は普遍ではなく，学問領域に依存している面が多分に存在するのです。

また，当然のことながら，心に関わる研究で用いられている方法のほとんどは，元来，そのような領域でしか用いられない独自のものではありません。そして，そのためか，心理学研究法（特に，心理統計）に関する著書の多くは，例が心理学的研究に関するものになっていても，心に関わる研究に固有もしくは心に関わる研究において特に問題になる事柄を取り立てて扱ってはいません。しかし，このような著書に記されていることしか学習していないと，実際に研究を行なう際に，収集され分析されたデータとそれに基づいて主張しようとする心のメカニズムの間に大きな乖離が生じる可能性が高くなってしまいます[11]。したがって，このような乖離を小さくするために留意しなければならないことに関しても種々学ぶ必要があると思います。

以上のことを要約するならば，「数学の論理のみでは割り切れない，領域固有性の高い事柄について学ぶことも必要である」，「単なる"統計（学）"ではなく，心に関わる研究という文脈（ないし，実践の場）を意識した"心理統計"を学ぶ必要がある」ということです。そして，余計であろうことをさらに述べるならば，「例題を心理学関連のものにしただけでは心理統計の著書とは

---

11) このようなことの最たる事柄が，今回のシリーズ本の最後の章である『ちょっと本Ⅲ』の3章で論じる，「個人内変動に基づく相関的研究と個人間変動に基づく相関的研究」という問題です。

言えない」と思うのです。

8 日常生活に役立つ知識の形成

『ごく初歩本』の本文の一番最後（268ページ）に記したように，「統計学の考え方の基本は，私たちが日常行なっている思考の中の良識あるものを，少し洗練して定式化したものに過ぎない」と思います。ということは，統計に関する（確実な意味理解を伴う）適切な知識が形成されれば，日常生活において見聞きする統計的資料について，クリティカルに解釈することができるようになると考えられます。また，身のまわりで生じるさまざまな事象や自他についてのクリティカルな思考も促進されるであろうと思います。今回のシリーズ本では，『ごく初歩本』ほど色濃くはありませんが，このような思いももって執筆しました。

● どのような内容について，どのように書いたのか

最後に，以上のような思いを具現するために「どのような内容について，どのように書いたのか」ということについて，目的の場合と同様に，箇条書きのような形で列記します。

○『ごく初歩本』などでも述べたことですが，これまた当然のことながら，得られたデータに数学的に高度な分析法を適用しても，そのデータが適切な方法によって収集されたものでなければ有効な情報を得ることはできません。つまり，統計的データ分析法は，データの中に潜んでいる有意味な情報を的確に取り出して，私たちが客観性や妥当性が高い判断を下すための手がかりを与えてくれるものであり，もともとゴミ（誤差）しか含んでいないデータの中からダイヤ（有意味な情報）を生み出す魔法ではありません（「Garbage in, garbage out：ゴミを入れてもゴミしか出てこない」なのです）。ですから，「いかにして質の高いダイヤが多く含まれているデータを収集するか」ということや「データの中に多くのゴミが混入しないようにするか」ということは，非常に重要です。このようなことから，（特に『ちょっと本』においては）データの分析法だけでなく，測定法や実験計画法などのデータの収

集法に関わる内容についても多くの紙面を割きました。

○前項の❶（統計に対するネガティブなイメージの変容の促し：以下同様）に記した思いに沿って，ある程度わかっている人が読んで「的確なことが簡潔に書けている」と思うレベルに安住せずに，くどく，ていねいに，「痒いところに手が届いている」と思ってもらえるであろう，かみ砕いた説明をするように心がけたつもりです。また，初学者の人がつまずいたり誤解したりすることが多い点についておせっかいな説明をすることにも心がけました。さらに，少々粗雑であっても，何をやっているのかがわかりやすいであろうデモンストレーションを組み込んだ説明をすることや，直観的理解を促すための図を多々提示すること，実感を伴う理解を促すために多くの具体例を提示することなどもしました。それから，数式の意味を言葉で（国語的に？）説明する，というようなことにも心がけたつもりです。

○前項の❷に記した思いに沿って，研究を行なう際や研究法について学ぶ際の望ましいであろう姿勢ないし態度に関する「おじさんの主張」を随所で述べました。

○前項の❸に記した思いに沿って，基礎を重視し，数学的にかなり高度だと考えられる分析法までを広範に網羅することはしていません。

○前項の❹に記した思いに沿って，各方法の意義と論理について理解してもらうための説明に多くの紙面を割きました。具体的には，「ローデータのどのような特徴が分析結果にどのように反映されるようになっているのか」ということについて理解してもらうための説明に重きを置きました。また，このことと関連して，各分析法が「どのようなことを前提に成り立っているか」や「どのような状態を理想ないし極限的なものと想定しているものであるか」といったことにも重きを置きました。さらに，「種々の統計的指標や方法の間の関連づけを図る」ということにも留意したつもりです[12]。

　それから，『ごく初歩本』と同様に，手続き的な事柄は重視していませ

ん。そして，単なる計算の練習やルーチン的な分析・解釈の練習などではない，各方法の意味についての理解の確認・定着・広がり・深化などに資するであろう練習問題を数多く提示しました。具体的には，たとえば，「このようなデータでは，分析の結果がどうなるか」とか「提示した複数のデータに関して，分析結果がどのように異なるか」といった問題について，電卓や統計ソフトを使って計算をするのではなく，「意味理解に基づく推論」によって解答してもらう問題を多数提示しています。また，上記とは逆と言えるであろう「分析結果が……のようになるローデータを例示してください」といった問題も多々提示しました（こちらの方が確実な理解がなされていないと正解できない可能性が高い問題であるとともに，このような問題について考えることによって種々の分析法や統計的指標の意味についての理解がより促進されるであろうと思います）。なお，筆者の統計の授業を受講した学生さんに，「先生のテストは，数学のテストというよりも国語のテストみたいな感じで，不思議でした」というコメントをもらったことが何度かあります。

○前項の**5**，**6**に記した思いに沿って，種々の分析法がもともともっている問題点（言わば，統計の限界や恣意的ないし曖昧な面）や（種々の不適切な適用例を提示しながらの）適用上の留意点についての説明にも多くの紙面を割きました。そして，自他の研究に対して的確にクリティカル・シンキングをすることを促すであろう展開で説明を行なったり，アンクリティカルな面を有する研究例を提示して「この研究の方法（や解釈など）について論理的に

---

12) 筆者は，学習において関連づけが大切であることについて話す際に，西林（1994）の4ページに記されている「①墾田永年私財法，②三世一身法，③荘園の成立，④班田収授法，の4つの出来事を年代の古い順に並べる」という問題や，麻柄（2002）の32ページに記されている問題に手を加えた「暖流と寒流では，良い漁場になりやすいのはどちらか」と「よく冷えている炭酸飲料と冷えていない炭酸飲料では，刺激が強くて，一般に美味しく感じるのはどちらか」という問題などを提示します。そうすると，正解率がかなり低い（特に，前者の正解率は，通常，1割か2割程度しかない）とともに，前者の4つの出来事がどのように関連づけられるかや，後者の2つの問いがどのように関連づけられるかについて適切に説明できる人は，ほとんどいません。そして，これらのことについて（人の受け売りであるにもかかわらず得意げに）説明すると，多くの学生さんが，けっこう，「なるほど」といった反応をしてくれます（正解およびその解説については，麻柄，2002を参照してください；麻柄，2002には前者の歴史の問題も取り上げられています）。

批判してください」といった，クリティカル・シンキングをすることを直接求める練習問題を多数提示したりしました（当然のことながら，このような際には，なるべく現実に行なわれている研究における遍在性が高い事柄を取り上げるようにしました）。

ちなみに，宇宙物理学者の池内了氏は，『中学生からの大学講義2　考える方法』という著書（永井・池内・菅・萱野・上野・若林・古井，2015）の中で，『現代の学校教育においては，合理的な内容は教えているけれど，不合理についてはまったく教えない。これは非常に危険なことである。本来なら，不合理なものをあえて見せて，「なぜこれは不合理なのか」ということを考える力を身に付ける必要があるのだ。合理的なものばかり教えていると，正しいことにしか対応できない人間に育ってしまう。つまり，不合理も教えておかないと，ニセ科学に出会ったときに対処の仕方がわからなくなってしまうのである。そういう意味では，不合理への免疫を今のうちにつけておくことが肝要だ』（64～65ページ）と述べています。筆者はこのような考えに強ーーく共鳴しており，的確なクリティカル・シンキングを促すためには，物事のアンクリティカルな面についての知識を獲得してもらうことが重要になると思っています。

それから，筆者は，自分の統計の授業の受講生の人たちに，「私の授業を受けると，いろいろなことについて留意しなければならなくなるし，はっきりとした主張がしにくくなって，卒業論文や修士論文が書きにくくなる可能性が高いよ。だから，私の授業を受けない方が，気楽にやれて，幸せかもしれないよ」などといったことを（一応，微笑みながら）よく言います。そして，今回のシリーズ本の読者のみなさんにも，同様の弊害（？）が生じる可能性は多分にあると思っています。しかし，実証的な研究というものは，元来，種々のことに留意しながら，判断保留的態度をもって，自らの理論や仮説を反証の危険にさらす活動を積み重ねる中で認識を進展させていくべきものであり，少数の証拠に基づいて容易に結論が下せるようなものではないと思います。ですから，上記のような弊害（と，本心に反して記したこと）は，生じるのが当然であると言えることだと思います。

○前項の**7**に記した思いに沿って，心に関わる研究を行なう際に特に留意すべきだと考えられる事柄を種々取り上げました。

○前項の**8**に記した思いに沿って，『ごく初歩本』の終章のようにそのことに特化した章は設けてありませんが，日常的な例をなるべく提示するようにしました。

以上，理想論めいたことばかり述べてきましたが，実際にどの程度具現できているのか，全巻を読み終えた上で各自で評価していただければと思います（ ^ ^ ）[13]。

---

[13] 全巻に関わる表記上のこととして，以下の事柄についてもご承知おきください。
- 従来の多くの統計書では，分析の対象になっている変数が1つのみであるときには，それを x というアルファベットで表わしていましたが，近年の統計書においては，従属変数（ないし，基準変数）に関しては y で表わすことが慣習になってきているということを知り，このシリーズ本では，それに即した表記にしました。ですから，『テクニカルブック』および『ごく初歩本』で x と表記していたものの多くを y としています。
- データ数について『ごく初歩本』において N と表記していたものの多くに関して，小文字の n に変更してあります（特に理由はありません，すみません）。
- 近年，被験者（subject）という用語は，実験を行なう者と受ける者とが対等ではないなどといった誤解を招く可能性が想定されることなどから，（実験）参加者（participant）や協力者という用語に変更することが多くなっています。そこで，このシリーズ本でも，被験者ではなく，通常，参加者という言葉を使うことにしました。また，それに合わせて，図表などにおいて参加者のことを表記する際には，（Sではなく）Pという記号を用いることにしました。
- 『ごく初歩本』では（主に）「対応のある」と記していたものを，「対応がある」に変更・統一してあります（これも，特に理由はありません。感覚的にそうしただけです）。
- どのようなものを図とし，どのようなものを表とするのかに関する基準があやふやで，一貫性に欠ける面が多分にあると思います。校正段階で修正した方がよいであろうことに気がついたのですが，そうすることのコストが非常に高いため，そのままにしてしまいました。いい加減なことで，すみません。
- 絶対値が1を超えない統計的指標である比率や相関係数などについては，0.32などというように自明である0を付けずに，.32というように表記しました。それに対して，絶対値が1を超え得るものに関しては，1の位の0を省略してありません。
- 各巻，各章の【練習問題】番号の左肩には，◎，▶，㊅のいずれかの記号を付けてあります。これらの意味は，以下の通りです。
    - ◎：ぜひぜひやっていただきたいと考えている練習問題
    - ▶：ぜひやっていただきたいと考えている練習問題
    - ㊅：やっていただく必要性が高くないと考えている練習問題
  なお，記号が付いていない練習問題は，いずれでもないものです。

引用文献

藤澤伸介　2002a　ごまかし勉強(上)―学力低下を助長するシステム―　新曜社
藤澤伸介　2002b　ごまかし勉強(下)―ほんものの学力を求めて―　新曜社
南風原朝和　2002　心理統計学の基礎―統合的理解のために―　有斐閣
南風原朝和　2014　続・心理統計学の基礎―統合的理解を広げ深める―　有斐閣
南風原朝和・平井洋子・杉澤武俊　2009　心理統計学ワークブック―理解の確認と深化のために―　有斐閣
波多野誼余夫　1983　文化と認知―知識の伝達と構成をめぐって―　坂元　昂(編)　現代基礎心理学　第7巻　思考・知能・言語　東京大学出版会　Pp.191-210.
市川伸一　2000　勉強法が変わる本―心理学からのアドバイス―　岩波書店
麻柄啓一　2002　じょうずな勉強法―こうすれば好きになる―　北大路書房
森　敏昭・吉田寿夫(編)　1990　心理学のためのデータ解析テクニカルブック　北大路書房
永井　均・池内　了・菅　啓次郎・萱野稔人・上野千鶴子・若林幹夫・古井由吉　2015　中学生からの大学講義2　考える方法　筑摩書房
西林克彦　1994　間違いだらけの学習論―なぜ勉強が身につかないか―　新曜社
西林克彦　1997　「わかる」のしくみ―「わかったつもり」からの脱出―　新曜社
西林克彦　2009　あなたの勉強法はどこがいけないのか？　筑摩書房
スタンバーグ, R. J.(編)　宮元博章・道田泰司(編訳)　2000　アメリカの心理学者　心理学教育を語る：授業実践と教科書執筆のためのTIPS　北大路書房　(Sternberg, R. J. (Ed.). 1997　*Teaching introductory psychology : Survival tips from the experts.* Washington, DC：American Psychological Association.)
高野陽太郎・岡　隆(編)　2017　心理学研究法―心を見つめる科学のまなざし―(補訂版)　有斐閣
山田剛史・村井潤一郎　2004　よくわかる心理統計　ミネルヴァ書房
吉田寿夫　1998　本当にわかりやすい すごく大切なことが書いてある ごく初歩の統計の本　北大路書房

吉田寿夫　2002　研究法に関する基本姿勢を問う―本来の姿ないし基本に戻ろう―　下山晴彦・子安増生（編）　心理学の新しいかたち―方法への意識―　誠信書房　Pp.73-131.

吉田寿夫　2006　研究法についての学習と教育のあり方について思うこと，あれこれ　吉田寿夫（編）　心理学研究法の新しいかたち　誠信書房　Pp.244-270.

このシリーズ本のあとがき（というよりも，ほぼ謝辞）

「ふー，やれやれ，どうにか，ここまで来たな」といったように，それなりに達成感ないし満足感と言えるであろうものを感じてはいます。しかし，筆者が誤認していたり，認識が不十分であったり，記述が不適切であったりする面が，まだ多々あるだろうとも思っています。そして，この『添付冊子』の25ページの脚注13）にも記したように，実際に，形式上不統一だと認識していながらも，今からそれを修正するコストの大きさにめげて，妥協してそのままにしてしまっている箇所などもあります。また，脱稿後に，新しい関連情報に接したり，新たな気づきが生じたりすることが多々あり，そのようなときには，つい，それらに関することを加筆したくなってしまいました（実際にそうしたことも多々あります）。そして，このようなことは，これからも多々生じるであろうと思っています。それから，「どのようなことについて，どのような進め方で，どのようなことに留意しながら推敲するか」といった推敲の仕方について筆者なりに考えた上で慎重に推敲を重ねてきましたが，自業自得とは言え，如何せん「一度に5巻」という量の多さは難敵です。また，統計書の推敲をする際には，他の類いの多くの著書の場合に比べて，より慎重かつていねいな態度をもって（多くの時間をかけて）取り組む必要があると思っています。しかし，さすがにエネルギーが切れてきましたし，加齢および飲食に関わる不節制のためか，身体にがたが来ていると感じることが多くなってきました。ですから，「完全だと言えるようなものはないんだから，もう，ここらへんで切りをつけて，自分が学んできたことや思いを世に発信してしまおう」と決めました。まあ，上記のように種々の問題点があるとともに，「新しい事柄や発展的な内容ではないけれども，この『添付冊子』の12〜21ページに記したような思いをある程度は具現した，心に関わる研究の現状を鑑みるならば，それなりに有意味な啓発をしていることになるものになっているのではないか」と，独りよがりな思いを抱いています。ですが，もちろん，これは定かなものではあ

りません。忌憚のないコメントをお寄せいただければ幸いです。

　さて，ここからは，謝辞です。
　まずは，この『添付冊子』のこれまでの部分や本文に何度も登場していただいている，心理統計および心理測定の専門家である，東京大学の南風原朝和さんに対してです。南風原さんには，1991年に教育心理学会の会場で初めてお会いして以来，研究法に関してわからないことや疑問に思うことがあると，（ときには飲みながら）たびたびそれらを投げかけ，ご教示いただいたり，議論をさせていただいたりしてきました。そして，今回の原稿を書き進める中でも，このようなやりとりを多々行なわせていただきました。さらに，複数の要職に就いておられて極めてご多忙な状況にあることを知っていながら，再校のゲラ刷りに筆者が手を入れたものを全巻分お送りして，『補足本Ⅱ』の２章，３章と『ちょっと本Ⅲ』の１章の（練習問題を除く）すべて，および，『ちょっと本Ⅱ』の「ちょっと余分な話４」と『ちょっと本Ⅲ』の「ちょっと余分な話９」を読んでいただきました。そして，貴重なコメントを多々いただき，それらを踏まえて，種々の加筆修正を行ないました。深謝いたします。
　それから，南風原さんを通して知り合った，南風原さんのお弟子さんたちからも（筆者の過度であろう食道楽に頻繁につきあってもらいながら）多くのことを学ばせてもらってきました。そして，それだけでなく，今回のシリーズ本の作成に際しては，種々の有形の手助けをしていただきました。具体的には，まず，文京学院大学の村井潤一郎さんには，さまざまなケースの検定力や信頼区間の値をRなどを使って算出していただきました（実は，筆者は，近年多用されるようになった統計ソフトであるRの使い方を学ぶことを怠っており，特に検定力の値を求める際には，いつも村井さんにお世話になっています）。また，新潟大学の杉澤武俊さんには，主に『補足本Ⅱ』の２章に掲載している「種々の標本統計量の分布図の作成」をお願いしました（村井さんと杉澤さんには，それぞれの大学に直接おじゃまし，貴重な時間を割いてご協力いただきました）。さらに，岡山大学の山田剛史さんには，南風原さんにお送りしたものと同じゲラ刷りのコピーを大学院の授業でテキスト（？）として使い，受講生の方々からの率直なコメントを送っていただくとともに，山田さんご自身か

らも貴重なご指摘を多々頂だいしました。それから，イギリスのレディング大学の村山航さんには，村山さんが書いた論文の内容を取り上げた複数の箇所に関して，筆者の記述に誤認や不適切なところがないか確認をしていただくとともに，関連する有益なことをいろいろと教えていただきました。以上の4名の方々および山田さんの授業の受講生のみなさんにも，心からお礼を申し上げます。

次に，統計的研究の方法に関する筆者の授業をこれまでに受講した方々にも謝意を表させていただきます。特に，2002年から年間4コマの心理統計に関する授業をさせていただいている非常勤先の受講生のみなさん（および，その授業の依頼をしてくださっている先生方）には感謝の意を強く感じています。それは，「（教えていながらも）筆者が育ててもらっている」と思っているとともに，「この授業をしていなかったら，今回のシリーズ本はあり得なかった」と確信しているからです。筆者は，「授業中の学生さんの反応やテストの解答，レポートなどを見聞きして，取り上げる内容や説明の仕方について再考する」ということを，（多くの場合，意図的ないし意識的にではなく）たびたび行なっています。そして，それだけでなく，教えている過程で（ないし，教え方について考えている際に）「この分析の意味はこんなふうに理解したらいいのか」などというように，教授内容そのものについての自身の認識の進展を感じることも多々あります（これらは，どの大学の授業においても経験することです）。また，上記の非常勤の授業をしていなかったら，人には生涯学習を薦めていながら，自身が研究法についての学び直しや新たな学びをしなかったであろうことが多々あります。さらに，授業で取り上げる内容もテスト問題の量も毎年のように増えている（先輩から「鬼のような」と伝えられているらしい）筆者の授業に対して書いてもらっている（率直なものであろう）コメントは，この『添付冊子』の12〜25ページに記した「研究法（特に，心理統計）教育に関する筆者の思い」の構築に大きな影響を与えてくれていると思っています。

最後に，多くの人の興味を引きそうな流行の内容ではないとともに，紙幅をかなり贅沢に使っているがために，多くの他書に比べて各巻で取り上げている内容が非常に少なく，教科書として採用してもらえる可能性が（『ごく初歩

本』以上に）低いと思われる，出版社泣かせであろう今回のようなシリーズ本の上梓を了承してくださった，奥野社長を初めとする北大路書房のみなさんに，記して感謝の意を表します。そして，その中でも，社長職を退いた後であるにもかかわらず，編集を担当してくださった関一明さんに，特にお礼を申し上げます。関さんとは，年齢が同じであることも影響したのか，多くの「編集者－執筆者」関係においてはみられないであろう歯に衣を着せないやりとりを互いが30歳の頃から行ない，『ごく初歩本』や『心理学ジュニアライブラリ』などの著書を一緒につくってきました。このような（忌憚がないとも言えるであろう）やりとりは今回の作成過程においても同様になされましたが，今回は，「教科書というよりも，エッセイですね」とか「本当に自由に書いてますなあ」とか「くどかったり，一文が長いことが多かったり，括弧書きが多かったりするのも個性だと考えましょう」などと言われてしまいました。また，私の方も，「（編集者が編集したものに対して）こんなことまで指摘する執筆者はいませんよ」などと返される（これまで以上に）無理難題の細かな要求を多々行ない，たびたび苛立ちを生じさせてしまったのではないかと推察しています。まあ，それでも，互いに「良い（と思える）本をつくろう」という熱い思いを強くもって，以上のようなやりとりをしながら協同作業ができるパートナーに巡り会えたことを，すごく幸せなことだと思っているとともに，筆者の種々のわがままを許容してくださったことに，あらためて感謝いたします。

　そして，今回のシリーズ本を世に出すことが，心に関わる研究の有り様や，統計的研究の方法についての学習と教育の有り様を，より望ましいと思える状態にすることに少しでも貢献できればと願っています（最後まで欲張りなことで，すみません）。

　　　　　　　　　　　　　　　　　　　　　　　　　　　　吉田寿夫